MI ALMA EN OTRA PARTE
José Manuel Mora

QUE VIENE EL LOBO
Gonzalo Lloret

ÉCHALE FLORES
Juan Manuel Cabañas

FRANCO, EL RETORNO
Javier Berger

COLECCIÓN TEXTOS DRAMÁTICOS Nº 31

COORDINACIÓN DE LA EDICIÓN:
Agencia Andaluza de Instituciones Culturales.
Instituto Andaluz de las Artes Escénicas y de la Música.
Centro de investigación y Recursos de las Artes Escénicas de Andalucía.
EDITA: Consejería de Cultura y Deporte. Junta de Andalucía.
©DE LA EDICIÓN: Consejería de Cultura y Deporte. Junta de Andalucía.
©DE LOS TEXTOS: sus autores.
©DEL PRÓLOGO: Miguel Palacios
DISEÑO, MAQUETACIÓN E IMPRESIÓN: Grupo Diacash.
DEPÓSITO LEGAL: SE 2412-2024
ISBN: 978-84-9959-502-3

PRÓLOGO

LA PUERTA QUE SE CIERRA ABRE TODAS LAS PUERTAS.

Con este volumen, el número 31 de la colección Textos Dramáticos del Centro de Investigación y Recursos de las Artes Escénicas de Andalucía, se cierra la antología dedicada en esta colección a la generación Romero Esteo, compuesta por los siguientes autores y obras:

VOLUMEN 1, nº 22 de la colección Textos Dramáticos (2020): *Cuando regreses a New York*, de Carmen Pombero; *Lagrimitas de pollo*, de Antonio M. Morales Montoro; *¡Vuelve el Zorro!*, de Tomás Afán; *El hombre del saco*, de Miguel Palacios.

VOLUMEN 2, nº 23 (2021): *Esparta*, de Antonio Hernández Centeno; *Todo es nocturno*, de Carlos Herrera Carmona; *El viento que trajo cenizas*, de Juan Alberto Salvatierra; *El lodazal de los cangrejos*, de Antonio Rincón-Cano.

VOLUMEN 3, nº 25 (2021): *Entre paredes y espejos*, de Gracia Morales; *Lo que ocurre dentro*, de Sergio Rubio; *Jungla Rosa*, de José Ortuño; *Fantasmas*, de David Montero.

VOLUMEN 4, nº 28 (2022): *La alegría*, de Marilia Samper; *El monte*, de Antonio Raposo Hidalgo; *Martín pescador*, de Jorge Dubarry; *Trágica farsa de el discreto enamorado*, de Rafael García Guzmán.

VOLUMEN 5, nº 31 (2024): *Mi alma en otra parte*, de José Manuel Mora; *Que viene el lobo*, de Gonzalo Lloret; *Échale Flores*, de Juanma Cabañas; *Franco, el retorno*, de Javier Berger.

La Generación Romero Esteo está formada por veintitrés autores dramáticos nacidos entre 1968 y 1985, vinculados en su juventud por el Premio Miguel Romero Esteo en sus dos primeras etapas (1997-2009). En 2024, la mayoría continúa escribiendo y publicando, y es frecuente ver sus obras en cartel. Su escritura es heterogénea, más a medida que nos adentramos en el siglo XXI, pero coinciden en su actitud crítica con respecto a la realidad, en el valor de abordar de forma directa cualquier tema, y en su conocimiento de la dramaturgia, lo que hace que sus obras dramáticas estén, desde sus orígenes, pensadas para ser puestas en escena.

A día de hoy se han publicado en español y en francés varias antologías de textos breves de este grupo generacional entre las que destaca la de Vibration Editions −*Géneration Romero Esteo. 18 auteurs andalous du XXIe siécle*− y ha sido objeto de varios estudios de investigación a nivel nacional e internacional, como *Generación Romero Esteo*, el monográfico que le dedicó en 2019 la revista *reCHERches*, de la Universidad de Estrasburgo, nº 22; o el de la revista El Toro Celeste, *romeroesteos*, nº 22 igualmente, que publicado en 2021 fue galardonado con el Premio Lorca al estudio de las artes escénicas en 2022.

En lo que concierne al CIRAE, su labor respecto a esta generación está siendo encomiable. Por un lado, el CIRAE −antiguo CDAEA− fue quien ideó y convocó el Premio Romero Esteo, junto con el Centro Andaluz de Teatro, cuya primera edición tuvo lugar en 1997. Además, durante tres años, de 2019 a 2022, ha desarrollado un ciclo de charlas "Conversaciones sobre Romero Esteo y los romeroesteos", de periodicidad mensual, cuyo doble objetivo era profundizar en el conocimiento de la vida y obra de Miguel Romero Esteo y presentar a los autores de la generación a la que este presta el nombre, su forma de entender la literatura dramática, el teatro y el mundo. En estas charlas, que tuvieron lugar en la sede del CIRAE y que se mantuvieron incluso durante la pandemia −con las limitaciones propias de la época−, participaron entre otros: Tomás Afán, Juan Alberto Salvatierra, Antonio Miguel Morales Montoro y Juanma Cabañas.

Por último, y es el objeto de estas páginas, la publicación de la presente antología. Realizar una antología en cinco volúmenes que recoja a veinte autores, veinte textos dramáticos, es una empresa ardua en sintonía con la visión del CIRAE, su misión y sus valores. Proyectos como este muestran el compromiso de esta institución con la dramaturgia andaluza contemporánea, y su capacidad para contribuir al desarrollo de la misma desde el lugar que le corresponde.

Como decíamos al principio, en este volumen se incluyen las siguientes obras: *Mi alma en otra parte, Que viene el lobo, Échale Flores y Franco, el retorno.*

Mi alma en otra parte, de José Manuel Mora, es una obra descarnada sobre la sociedad patriarcal y el abuso que el macho dominante ejerce sobre la pirámide que domina, en especial sobre las que él considera "sus hembras", incluso cuando aún son niñas. En este texto, en el que se desarrolla una obra breve anterior del mismo autor, *¿No te vas a acostar?*, encontramos la misma desconfianza en la humanidad presente en otras de sus piezas dramáticas, como *Los parias de la modernidad*, por ejemplo.

Que viene el lobo, de Gonzalo Lloret, es un drama de terror, una obra terrible, opresiva y luctuosa, en la que dos niños se encuentran encerrados en una casa con las puertas y las ventanas tapiadas, acompañados de una niñera muerta y en descomposición, mientras sus padres están de vacaciones por el mundo. La pérdida de la memoria es un elemento central en esta obra abierta, polisémica, que oscila y se centra al mismo tiempo en las relaciones paterno-filiales y en los estragos de enfermedades como la demencia senil o el alzhéimer.

Échale Flores, de Juanma Cabañas, es una divertida comedia fúnebre. Centrándose en una familia que vela a su padre, el autor pone de manifiesto la preeminencia del sistema liberal en la sociedad en que vivimos, al mostrarnos que cualquier momento es bueno para cerrar un negocio, también durante un velorio, y que cualquier cosa sirve para hacer dinero, también la muerte. Así, de forma distendida y amable, Cabañas critica la deshumanización del sistema, lo que afecta a los ciudadanos tanto en lo individual como en lo colectivo, y los penaliza de igual modo, especialmente en el ámbito de la familia.

Franco, el retorno, obra de Javier Berger, cierra el volumen. Se trata de un sainete irreverente y provocativo que no deja títere con cabeza. La obra fue estrenada en 2009 por la compañía sevillana Los primos de Píter, dirigida por el mismo Berger. Su representación entonces y su publicación hoy son muestra de la libertad de expresión de la autoría actual y también de su iconoclastia, pues ya no hay temas tabúes ni figuras históricas que no puedan ser objetivo del humor en todas sus variantes, incluso la más salvaje... ¿O no es así?

Cuatro obras diversas, críticas con la sociedad y con el ser humano, comprometidas, provocativas, directas, crueles, implacables. Su publicación nos permite disfrutar de su lectura, nos motiva a representarlas, nos incita a que arrojemos luz sobre ellas y que eso contribuya a su difusión y amplíe sus posibilidades de ser leídas y puestas en escena.

El corpus teórico y literario de esta generación ya ha sido fijado.
La puerta que se cierra abre todas las puertas.
Continuará. Esto no es más que el principio.

Miguel Palacios

Sevilla, 3 de febrero de 2024

MI ALMA EN OTRA PARTE

José Manuel Mora

PERSONAJES

HOMBRE MAYOR. (en sus sesenta).

MUJER MAYOR. (en sus cincuenta. Esposa del hombre mayor).

HOMBRE JOVEN. (en sus treinta. Hijo del hombre y mujer mayor).

MUJER JOVEN. (en sus treinta. Esposa del hombre joven).

NIÑA. (unos diez años. Hija del hombre y la mujer joven).

PERROS ENFERMOS. (sugiero un número entre diez y un centenar y que los técnicos del teatro se ocupen de sus cuidados durante la representación).

(/) al final de una frase quiere decir que el texto siguiente ha de ir picado, casi solapado, a la frase anterior.

Pleasant alone and watch
The folding light. My
Animals are quiet.
My heart never bangs.
I read in the evenings.
There is no-one to tell me
What is expected or not
Expected of me. There is
Nothing required of me.

It´s a question of sleep.
I need something of it,
Or how can I remain alive,
Without any true rest,
Having no solace, no
Constant solace, not even
Any damn inconstant solace.

a mi padre,
que aún sigue batallando.

ESCENA PRIMERA

En una casa vieja de un pueblo del sur. Habitación de matrimonio.

HOMBRE MAYOR/ MUJER MAYOR

-¿No te vas a acostar?
-No tengo sueño.
-¿Y qué vas a hacer? ¿Quedarte ahí toda la noche?
-Ya me vendrá el sueño.
-Échate aquí a mi lado. Estarás más cómoda.
-Así estoy bien.
-Ven.
-No me toques.
-Está bien.
-¿Por qué te casaste conmigo?
-No lo sé.
-¿Cómo que no lo sabes?
-No lo sé.
-¿Me has querido?
-Supongo que sí.
-¿Supones?
-Sí. Te he querido.
-¿Vas a verla hoy?
-¿A quién?
-No me voy a dormir.
-No puedo descansar viendo cómo una mujer me vigila sentada a los pies de la cama.
-¿Te espera?
-¿Quién?
-¿Quién?

Pausa.

-Sí, me espera.

-¿Vas a verla?

-Déjame acariciarte.

-Pero te está esperando ¿no?

-Sí.

-Piensas ir en cuanto caiga rendida del sueño. Es lo que sueles hacer ¿no?

-Sí.

-Pues venga, deja de acariciarme y vete a verla. No está bien que la hagas esperar. Es una cría/

-Quiero hacer el amor contigo/

-No, tú no quieres hacer el amor conmigo ni yo contigo. Date prisa. Se hace tarde y el camino está oscuro. Apenas hay farolas. Y los animales atraviesan el camino. Es difícil no herir a ninguno.

-¿Qué no he sabido hacer bien contigo?

La MUJER MAYOR le acaricia la nuca al HOMBRE MAYOR. Se desabrocha un viejo camisón de dormir, le muestra sus pechos, y lo acuna en su seno.

-Nada.

La MUJER MAYOR separa el rostro del HOMBRE MAYOR de sus pechos, se miran, ella se vuelve a abrochar el camisón de dormir y se sienta en una esquina de la cama.

-¿No te vas a acostar?

-Aún no me ha venido el sueño.

-Me voy a la tierra.

-Que Dios te bendiga.

Oscuridad.

ESCENA SEGUNDA

En la misma casa vieja de un pueblo del sur. Habitación de matrimonio.

HOMBRE JOVEN/ MUJER JOVEN

-¿Has dormido bien?
-Tuve pesadillas toda la noche. *(Pausa)*. ¿Y la niña?
-Le costó coger el sueño. Ya no sé qué historias contarle.
-¿Está despierta?
-No, aún duerme. *(Silencio)*. Es una pena ¿no?
-¿Qué?
-Pues que es una pena.
-Que es una pena ¿qué?
-Mi padre. Que se haya ido. Que esté tan solo allí, en la tierra. Para ti también debe de ser una pena. *(Pausa)*. Me he pasado la noche mirándote/
-¿Mirándome?/
-Sí, observando cómo dormías.
-¿Y por qué no me has despertado?
-No quería molestarte.
-Me hubieras hecho un favor.
-No pude/
-¿Despertarme?/
-No/
-¿Y eso?/
-Te veía dormir y pensaba en mi padre. Pensaba en mi padre y en lo mal que lo has tenido que pasar/
-¿En lo mal que lo he tenido que pasar?/
-Mientras dormías/
-Mientras dormía. *(Pausa)*. Pareces mayor.
-¿Y eso te gusta?

-Ni me gusta ni me deja de gustar. Te haces mayor.

-Tú también.

-Ven. Échate aquí a mi lado. Para mí también es una pena que esté tan solo en ese trozo de tierra/

-Si pudiera convencerle/

-¿Convencerle?/

-Para que vendiera ese trozo de tierra.

Pausa.

-¿Desde cuando no lo hacemos?

-¿Qué?

-Follar.

-¿Quieres que hagamos el amor?

-No sé si podré.

-¿Quieres que lo intente?

-Cuéntame una de esas historias que le cuentas a la niña y cuando me veas casi dormida, a punto de cerrar los ojos, hazlo rápido por favor.

-Es una pena.

-¿Qué?

-Esto.

Silencio.

ESCENA TERCERA

3.1

En medio de un olivar del sur. Un destartalado cuartucho. Un pequeño sillón en la puerta del cuartucho. Hermosas vistas del olivar. A la izquierda del cuartucho, un cobertizo con jaulas vacías y una camilla en el centro. Un centenar de perros enfermos que apenas pueden caminar deambulan y descansan entre los árboles. Amanece en el olivar. Dentro del cuartucho.

HOMBRE JOVEN/ HOMBRE MAYOR

-¿Cómo vas?
-Como puedo.
-¿Estás bien?
-Como puedo.
-¿Necesitas algo?
-Con lo que tengo aquí me apaño. Hacía tiempo que no pasabas por aquí. ¿Qué te ha dado? Tu mujer ¿no? Ha sido ella quien te ha dicho eso de: ¡anda, hombre, pásate a verle aunque solo sean cinco minutos!
-He venido porque quería hablar contigo.
-¿Cómo está tu mujer?
-Bien. Acabamos de tener una niña.
-¿Cómo se llama?
-Manuela. Como mamá.
-Hermoso.

Pausa.

-¿La querías?
-Me acostumbré a estar a su lado.
-¿Y ella?
-Nunca supe lo que quiso tu madre.
-No la conocías.
-Tampoco ella me conocía a mí.
-No supiste cuidarla.
-¿Y tú sabes cómo cuidar a una mujer?

Pausa.

-¿Por qué nunca quisiste vender este trozo de tierra? Hubiéramos vivido mejor/
-Vivíamos bien. En casa nunca faltó de nada. Y la tierra me ayudó a seguir adelante/
-¿Qué quieres decir con la tierra te ayudó?
-Me tranquilizaba tener algo para el día de mañana/
-¿Para el día de mañana?
-Tu madre y yo fuimos felices en este trozo de tierra/
-Mamá nunca pisó este trozo de tierra/
-Los domingos pasábamos el día en este trozo de tierra/
-A mamá nunca le gustó este trozo de tierra/
-Los domingos te traía a jugar en este trozo de tierra/
-¿Por qué nunca quiso mamá pisar este trozo de tierra?
-Que sé yo.
-Mamá se quedaba en casa esperando a que llegaras para limpiarte los bajos de los pantalones llenos de fango/
-Estiércol. Los pantalones se me llenaban del estiércol para los olivos.

Pausa.

-Nunca te quiso, papá -qué raro se me hace llamarte papá-.
-¿No te da vergüenza decir eso?
-Se casó contigo por/
-Por la misma razón que lo hice yo. ¿Tú sabes por qué haces -cuál es la verdadera razón- todo lo que haces a lo largo del día? Cada noche antes de dormir me preguntaba esto mismo que ahora te pregunto a ti. Y antes de encontrar una respuesta ya me había quedado dormido. A la mañana siguiente, frente al espejo, con la hoja de afeitar rasurándome la cara volvía a hacerme la misma pregunta -cuál es la verdadera razón- y cada mañana volvía a tomarme el café y la tostada que tu madre me preparaba. El día que encontré la respuesta tu madre ya estaba muy enferma. Fue la primera vez que hablé con ella de esto. Le pregunté si

ella había conseguido encontrar alguna razón durante todo este tiempo. Me dijo que la razón eras tú. Y me dijo una de las cosas más crueles que he oído en mi vida.

-¿Qué te dijo?

-Algo muy cruel.

-¿Qué?

-No te lo digo que se me sube el azúcar.

-Papá.

-Qué raro se me hace escuchar esto: papá. No lo vuelvas a hacer.

-Dímelo.

-Tengo un nombre. Puedes llamarme por mi nombre.

-Dime qué te dijo.

-A veces se me olvida mi nombre.

-Antonio.

-¡Eso Antonio! Cada día estoy más lento. Será el azúcar. O la próstata. A ver para lo que me ha servido a mí la próstata. La de problemas que me está dando. Si lo llego a saber me opero pero yo pensaba -no sé quién me metería a mí esta idea en la cabeza- que la próstata serviría para algo/

-¿Qué te dijo?

Pausa.

-"A ti lo que te gustaría es estar tan enfermo como yo para que te cuiden como a mí". Lo mejor que le pudo pasar a tu madre fue morir de cáncer. Y lo más cruel no fue eso, lo más cruel fue que ella había encontrado la razón que yo había estado buscando todos esos años. Era verdad. Me moría de envidia mientras ella se moría de cáncer.

Pausa.

-Me gustaría que conocieras a tu nieta.

-Manuela. Hermoso. A mí también me gustaría pero no me pue-

do mover de aquí. Tengo que darle de comer a mis animales. Y luego lo que yo paso con la próstata/
-A la niña le gusta jugar con la tierra.
-Una cosa mala que se me coge aquí/
-Y mancharse la cara de barro.
-Entre los riñones y el estomago/
-Luego el barro se seca y se araña la cara con las manos -si viera sus manos- y la cara se le llena de grietas, la tierra se resquebraja y, debajo de la tierra, otra vez su rostro. Luego sonríe feliz de su hazaña.
-Que no hay quien me mueva de aquí/
-Podríais pasar un día juntos.
-Manuela, como mi padre pero en mujer.
-Como mamá.
-Suena hermoso.
-Si viera sus manos...
-Manuela.

Oscuridad.

3.2

Amanece en el olivar. En el cobertizo con jaulas de perros alrededor de la camilla. Es el lugar donde los perros abandonados que hasta ahora corrían por la tierra han de morir. Uno por uno, el HOMBRE MAYOR *conduce a los perros impedidos, ciegos, tullidos, viejos y tarados de las jaulas a la camilla. Le acompaña Manuela, una* NIÑA *de unos diez años. Uno por uno el hombre los toca, les habla, los acaricia, los consuela al tiempo que los despacha introduciendo una jeringuilla en la yugular y se aparta un poco sin desviar su mirada de los ojos del animal hasta que éste exhala su último hálito. Finalmente sella sus cadáveres en sudarios de plástico precintándolos con cinta adhesiva negra y arrojándolos a un carro de transportar equipajes. Solo queda uno de ellos: el perro joven que ama el Réquiem de Mozart y con el que suele hablar de las mujeres de su vida. Agachándose y abriéndole los brazos.*

HOMBRE MAYOR

-Ven.

Mozart menea su trasero inválido. La niña se acerca al animal. El perro le olisquea la cara, le lame las mejillas, los labios y las orejas.

NIÑA

-Ven.

La niña lo coge entre sus brazos y lo lleva hasta la camilla.

NIÑA/ HOMBRE MAYOR

-¿Por qué hacemos esto?
- Necesitan descansar.
- ¿Están cansados?
- Sí.
- ¿Cómo lo sabes?
- Apenas pueden moverse.
- ¿Los perros lentos se cansan más que los perros rápidos?
- Sí.
- ¿Y necesitan dormir?
- Sí.
- ¿Y tú los ayudas?
- Sí.
- ¿Cuánto tiempo duerme un perro cansado?
- Eso nadie lo sabe.
- ¿Y tú estás cansado?
- ¿Cómo lo sabes?

- Te mueves lento.
- Acércate.
- ¿Quieres que te ayude?

El HOMBRE MAYOR *asiente. La* NIÑA *acaricia el pelaje del perro a contrapelo hasta que la aguja encuentra la vena. Mozart se resiste. El* HOMBRE MAYOR *se arrepiente. Saca la aguja de la vena del perro y permanece junto a él. La* NIÑA *consuela al animal y le susurra algo en la oreja. El perro comienza a jugar con la* NIÑA. *El* HOMBRE MAYOR *contempla la imagen en silencio.*

3.3

Amanece en el olivar. Dentro del cuartucho.

HOMBRE MAYOR/ MUJER JOVEN

-¿Quieres un café?
-Solo y amargo, por favor.
-¿Como siempre?
-Como siempre.

Pausa.

-Se parece mucho a ti.
-¿Dónde está?
-En el cobertizo jugando con el perro.
-Voy a buscarla.
-Espera.
-¿Qué quieres?
-Hablar.
-Ya estamos hablando.
-Sigues igual de redicha.
-Voy a por la niña.

-No está en el cobertizo.
-¿Dónde está?
-Dormida. Está cansada. Hoy hemos tenido mucho trabajo.
-¿Qué trabajo?
-Demasiado perro enfermo.
-No puedo quedarme mucho tiempo.
-Deja que descanse un rato. Se quedó frita jugando con el animal. Quédate. Sólo el tiempo de tomar un café.
-¿Qué quieres?
-Mirarte.
-No me mires así por favor.
-¿Cómo?
-Con esos ojos.
-No tengo otros.
-Venga, hombre, que ya tenemos una edad.

Pausa.

-¿Por qué has vuelto?
-Vengo a por la niña.
-La puede recoger su padre ¿no?
-Está bien. Quería saber cómo estabas.
-¿Por qué no lo has hecho antes?
-¿Qué?
-Venir a verme.
-No me atrevía.
-¿Y ahora sí?
-No puedes seguir aquí.
-¿Por qué?
-Estás mayor.
-Sí que es verdad que estoy mayor.
-Y solo.
-Estoy con mi perro.
-Necesitas a alguien.

-Sí que es verdad que necesito a alguien.
-Por eso he venido.
-¿Has venido porque necesito a alguien?
-No exactamente.
-¿Te vas a quedar aquí?
-Me hace daño verte aquí, solo/
-¿Vas a vivir conmigo?
-¿Aquí?
-¿No es aquí donde querías?
-De eso hace/
-Veinte años.
-Dieciocho.
-¿Y?
-Me hace daño verte así/
-¿Cómo?

Pausa.

-He venido a por la niña/
-No quiero que la despiertes/
-Podrías venir a vivir con tu hijo y conmigo al pueblo y vender este trozo de tierra. En la casa hay espacio de sobra. Así no estarás tan solo. Además está la niña. Te dará compañía. Le hablo mucho de ti/
-¿Y qué le cuentas?
-Que tiene un abuelo que vive en el campo. Que cultiva la tierra. Que en la tierra hay árboles. Que los árboles dan frutos. Que es hermoso el anochecer en la tierra. Que es hermoso el amanecer en la tierra. Que camina rodeado de perros inválidos. Que cuida a perros enfermos. Y que nunca he conocido a nadie en este mundo capaz de/
-¿De?
-Se te va a enfriar el café.

Pausa.

-¿No te da vergüenza decirme todo esto? ¿Quieres que venda este trozo de tierra? ¿Quieres que viva contigo y con mi hijo? ¿Quieres que lleve a la niña al colegio y que pasee todas las mañanas con los jubilados del pueblo y que luego pase por la pescadería a comprar pescado fresco y que, si sales a cenar, cuide de la niña y, quizá alguna noche, alguna que otra noche/
-Voy a por la niña/
-Le gusta jugar con la tierra/
-¿Dónde está?/
-Y mancharse la cara de barro. Luego el barro se seca y se araña la cara con las manos -si viera sus manos- y la cara se le llena de grietas, la tierra se resquebraja y, debajo de la tierra, otra vez su rostro. Luego sonríe feliz de su hazaña.
-Voy a por la niña.

Oscuridad.

ESCENA CUARTA

4.1

En la misma casa vieja de un pueblo del sur. Habitación de matrimonio. Entra la NIÑA *recién levantada vestida con un camisón blanco de algodón manchado de tierra.*

MUJER JOVEN/ NIÑA

-¿Qué haces levantada a estas horas?
-No podía dormir. Tuve una pesadilla.
-Estás temblando.
-Tengo frío.
-Toma, ponte este abrigo.

-El abuelo conducía un coche por un camino oscuro. Tu estabas sentada a su lado. Un animal atraviesa el camino/

-¿Qué animal?

-No lo recuerdo. Era extraño. Una mezcla de perro y lince. El abuelo lo atropella sin querer, bueno, no sé si fue sin querer, el caso es que no pudo frenar. Te arrodillas en medio del camino al lado del animal. El abuelo te pregunta si serias capaz de matarlo para que no sufra.

-¿Y dónde estás tú en este sueño?

-Estoy dentro del animal.

-¿Dentro del animal?

-Si, yo vivo dentro del animal y lo veo todo con sus ojos.

-¿Y cómo se vive dentro de un perro lince?

-Como si estuviera dentro de una bañera llena de agua caliente.

-¿Qué pasa luego?

-El abuelo mata al animal golpeando su cabeza con un palo de madera. Luego tú le besas en la boca.

Pausa.

-A veces estas cosas ocurren. Es un camino oscuro el que va a la tierra, no hay farolas, y a veces resulta difícil no herir a ningún animal, ¿no crees? Anda, vuelve a la cama.

-No puedo.

-Ya pasó todo.

-No puedo cerrar los ojos.

-Sólo es un sueño.

-No puedo volver a cerrar los ojos.

-¿Qué te ha pasado en la cara?

-¿En la cara?

-Tienes manchas en la cara.

-Sólo es tierra.

-¿Qué has estado haciendo?

-Ayudando al abuelo.

-¿A qué?

-A dormir perros.

-¿Cómo?

-Les acariciaba el pelo.

-¿Y el abuelo?

-Les ponía una inyección.

-¿Y luego?

-Los perros dormían en sacos de dormir para perros.

-¿Por qué le ayudabas?

-El abuelo se cansa. Está lento.

-¿Qué pasa luego?

-El abuelo limpia las jaulas vacías de los perros y me manda a jugar con la tierra. Quería estar solo con Mozart.

-¿Mozart?

-Si, es un perro. Se llama Mozart porque le gusta la música clásica.

-¿Pero no dices que las jaulas estaban vacías?

-Si, todos dormían en sacos de dormir para perros menos Mozart. No tenía sueño. Meneaba mucho la cola y cuando veía al abuelo con la inyección agachaba la cabeza asustado.

-¿Para que quería el abuelo estar solo con Mozart?

-Decía que tenían que hablar de cosas de hombres. Me mandó a jugar con la tierra pero yo me quede un rato mirándoles.

-¿Y qué viste?

-El abuelo puso música en un radiocasete. Se sentó en su butaca y Mozart se echo a su lado. Hablaban de mujeres/

-¿De mujeres?

-De ti.

-¿Y que decía?

-¿Quien?

-El abuelo.

-El abuelo no decía nada.

-Y entonces ¿Quién hablaba?

-Mozart.

-¿Cómo?

-Movía el rabo.

-¿Y qué decía?

-No podía oírle.

-¿Y que hiciste?

-Nada. Estuve un rato mirándoles. El abuelo parecía triste. Muy triste. Apenas se movía. Todo sucedía muy lento. El perro no dejaba de hablar de mujeres, de cómo las mujeres se enamoran/

-¿No decías que no podías oírle?

-Me equivoqué. En realidad sí que oí algo pero no estoy segura de recordarlo. El abuelo miraba a lo lejos. Muchas veces el abuelo hace esto: mira a lo lejos y sonríe. Así estuvo un rato hasta que se levantó y empezó a caminar entre los olivos. Mozart le seguía. Caminaban muy despacio/

-¿Dónde fueron?

-Hacia el final de la tierra/

-¿No les seguiste?

-No. Cuando el abuelo camina muy despacio con Mozart significa que esta pensando. Llevaba una cuerda de las que usa para atar a los perros apoyada en su hombro/

-¿Una cuerda?

-Sí, una soga/

-¿Cuánto tiempo hace de esto?

-¿Qué te pasa?/

-¿Cuánto tiempo hace que ocurrió esto?

-Esta tarde, antes de que me recogieras/

-¿Por qué no me lo has contado antes?

-Todas las tardes antes de que anochezca el abuelo camina con Mozart. ¿Qué te pasa? ¿Qué hay de raro? ¿Por qué lloras?

-Por el animal.

-¿Qué animal?

Pausa.

-El perro lince del sueño.

-Pero eso no es verdad.

-Si, tienes razón, solo es un sueño. Anda, vuelve a la cama y descansa. Pero antes lávate la cara y límpiate esas manchas de tierra. ¿Crees que podrás cerrar los ojos y dormir sola?

-Si, creo que podré cerrar los ojos y dormir sola.

Sale la niña.

4.2

En la misma casa vieja de un pueblo del sur. Habitación de matrimonio.

HOMBRE JOVEN/ MUJER JOVEN

-¿Alguna posibilidad?

-No.

-¿Algo que pueda hacer?

-No.

-¿Algo que pueda cambiar?

-No.

-Piénsalo fríamente.

-¿Fríamente?

-Fríamente.

-Está decidido.

-¿Lo has decidido?

-Está decidido.

-¿Lo tienes claro?

-No...

-¿Entonces?

-Supongo que necesito probarme.

-¿Probarte?

-Ponerme a prueba.

-¿Para?

-Saber si puedo.
-¿Si puedes?
-Sí, si puedo.
-¿Qué?
-Continuar.
-¿Conmigo?
-No, sola.

Pausa.

-He intentado hacerlo lo mejor que he podido.
-Déjalo.

Pausa.

-¿Por qué has estado todo este tiempo conmigo?
-Me sentía a salvo/
-¿A salvo de qué?/
-Segura.
-¿Solo por eso?
-No/
-¿Y entonces?
-Tenía miedo/
-¿Miedo?
-Hubiera formado una familia con el primero que me lo hubiera pedido.
-¿Sentías miedo?
-No sabía qué hacer y tú estabas cerca.
-¿Miedo a qué?
-Podía haber elegido a otro/
-Pero me elegiste a mí/
-Sí, te elegí a ti.

Pausa.

-¿Qué te daba miedo?

-Cómo me miraban. Sentía que cualquiera podía hacerme daño. Cualquiera podía destrozarme con solo mirarme. Me daba miedo pensar que debía pasar el resto de mis días sin/

-Verle.

-Por eso me casé contigo.

Pausa.

-¿Qué se siente?

-¿Cuándo?

-Cuando decides vivir así.

-¿Cómo?

-Con el alma en otra parte/

-¿Con mi alma en otra parte?

-Necesito saberlo/

-Te haría daño/

-Esto es lo que me hace daño/

-¿Quieres saberlo? ¿Quieres saber qué sentía cuando pisaba la tierra/

-Sigue.

-¿Quieres saber qué sentía cuando pisaba la tierra pensando en desnudarme/

-Sigue.

-En desnudarme? ¿Qué pasaba por mi cabeza mientras le esperaba? ¿Cómo estaba mi cuerpo mientras esperaba en el cartucho a que él llegara y se metiera en la cama, intentando no rozarme/

-Sigue.

-Sin rozarme. Sin rozarme se metía en la cama/

-¿Qué se siente?

Pausa.

-¿Qué sentías tú?

-¿Yo?

-Sí. ¿Qué sentías, qué pensabas, cómo estaba tu cuerpo?

-¿Cómo estaba mi cuerpo/

-Mientras me mirabas?

-¿Te miraba?

-Me mirabas escondido detrás de la puerta.

Pausa.

-Sí, te miraba escondido detrás de la puerta y/

-Nunca he conocido a nadie capaz de comprar un trozo de tierra y dedicarse por completo a ella solo porque allí hicimos algo muy delicado. Tan delicado como el hilo que atraviesa el ojo de la aguja.

-Tomaba notas/

-¿Notas?

-Tomaba notas acerca de cómo debía hacerlo. Qué movimientos se adaptaban a tu cuerpo. Qué gesto. Qué ritmo. Cómo parecía no importarte nada.

-Me decía "así se hace el amor".

-¿Eso te decía?

-"Así se hace el amor".

-Uno hace el amor como le enseñaron.

-Eso era para nosotros el amor.

-El amor no es eso.

-¿Y qué es el amor? ¿Tú lo sabes?

Pausa.

-Desde entonces siempre he pensado, he buscado -créeme me he esforzado- de qué manera, de qué forma podía -pensaba que habría alguna forma, créeme- de qué forma podía hacer que repitieras ese gesto, el gesto que te hacía girar el cuello hacia la derecha, luego hacia atrás y finalmente sonreír/

-No hay ninguna forma. Por eso me voy.

-Una última cosa.
-¿Qué?

Pausa.

-¿Piensas en él cuando haces el amor conmigo?

Ella gira el cuello hacia la derecha, luego hacia atrás y finalmente sonríe.

-Imagino tu cuerpo envejecido veinte años, imagino su cara en tus rasgos avejentados, y te pido que me folles en estado de duermevela. Luego me tranquilizo y preparo el café. Solo. Amargo.

Pausa.

-Puedo esperar.
-¿Cuánto tiempo?
-¿Cuánto necesitas tú?
-Cuando haya pasado veinte años yo necesitaré cuarenta. No es una cuestión de tiempo.
-¿Entonces?
-No vale la pena.

Pausa.

-¿Ha firmado las escrituras?
-Sí.
-Es la primera vez en su vida que hace algo sensato.
-Tenía sus razones.
-¿Qué razones?
-Nunca le habéis entendido.
-¿Y tú qué sabes? Nunca has vivido con él.
-Tu padre tenía sus razones.

-¿Qué razones?
-Pasar en ese trozo de tierra el resto de sus días.
-¿Solo?
-Con sus perros.

Pausa.

-Lo importante es que ha firmado. ¿Vas a pasar aquí la noche?
-No, no quiero dormir.
-¿Ni siquiera si te doy un masaje en los pies?
-No estoy cansada/
-Pero yo te doy un masaje en los pies y tú te quedas frita/
-No tengo sueño/
-Pues te tomas un ansiolítico/
-Esta noche no voy a dormir.
-¿Sabes qué es lo que me gustaría hacer en este momento?
-¿Qué?
-Follar contigo muy despacio, pensando en mi padre y en su trozo de tierra.
-¿En tu padre?
-En la tierra y en todo lo que podríamos hacer allí.
-Esa tierra no es tuya.
-¿Qué quieres decir?

Pausa.

-Está a mi nombre.
-¿Qué?
-El nombre.
-No te entiendo.
-Que es importante, el nombre.

Pausa.

-Nunca te había visto así.

-¿Cómo?
-Así.

Pausa.

-Así lo deseó él.
-No sé adónde quieres ir a parar.
-El trozo de tierra está a mi nombre.
-¿Qué quieres decir?/
-No voy a vender nada/
-Piénsalo fríamente/
-Está decidido.
-¿Y qué vas a hacer?

Pausa.

-Lo mismo que hacía tu padre: calmar el sufrimiento de cientos de perros enfermos.
-Has perdido la cabeza.
-Tu padre se ha ahorcado. Cuando llegué aún respiraba. Se había colgado de un olivo. Un perro mantuvo su cuerpo con vida hasta que ya no pudo soportar más su peso. Tu padre me dijo algo antes de morir, no sé muy bien qué, estaba agotado, temblando, con las manos en los bolsillos para que no se le cayeran los pantalones, gimiendo de frío, tragándose las lágrimas y, cuando el perro ya no pudo soportarlo más y la soga se tensó, la mierda le caía por los bajos de los pantalones. *(El* HOMBRE JOVEN *abofetea a la mujer joven que cae al suelo).* El perro me lamía los pies aliviado.
-¿Qué te dijo?

Pausa.

-Que le perdonaras.

Pausa.

-¿Qué vas a hacer ahora?
-Me voy.
-¿Adónde?
-A la tierra.
-¿Y la niña?
-Se viene conmigo.
-¿Alguna posibilidad?
-No.
-¿Algo que pueda hacer?
-No.
-¿Algo que pueda cambiar?
-No.
-Piénsalo fríamente.
-¿Fríamente?
-Fríamente.
-Está decidido.
-¿Lo has decidido?
-Me voy a la tierra.

Oscuridad.

ESCENA QUINTA Y ÚLTIMA

Anochece en medio del olivar. Dentro del cobertizo con jaulas vacías. En un rincón se acumulan cadáveres de perros precintados en sudarios de plástico con cinta adhesiva negra. El HOMBRE MAYOR *escucha en una vieja radio el Réquiem de Mozart acompañando del último perro con vida: Mozart.*

Me tranquiliza pensar que hay cosas hermosas en este mundo que seguirán existiendo una vez hayamos desaparecido, Mozart. Y esto no es ninguna tontería, Mozart, esto es, quizá, lo más importante que he dicho en mi vida. Me ha costado admitir que en cualquier vida, incluso en la tuya, Mozart, pueda suceder cosas hermosas. Y esto no es ninguna tontería, Mozart. De un tiempo a esta parte solo pienso en cosas hermosas. Por ejemplo, las mujeres me parecen hermosas, las mujeres con cuellos largos; esta parte de aquí, el espacio entre la cadera y la cintura, lo que para ti sería el lomo, la piel que cubre ese espacio, Mozart,

Amanece en el olivar. En el cobertizo con jaulas de perros alrededor de la camilla. Es el lugar donde los perros abandonados que hasta ahora corrían por la tierra han de morir. Uno por uno, la MUJER JOVEN *conduce a los perros impedidos, ciegos, tullidos, viejos y tarados de las jaulas a la camilla. Le acompaña la* NIÑA. *Uno por uno la mujer los toca, les habla, los acaricia, los consuela al tiempo que los despacha introduciendo una jeringuilla en la yugular y se aparta un poco sin desviar su mirada de los ojos del animal hasta que éste exhala su último hálito. Finalmente sella sus cadáveres en sudarios de plástico precintándolos con cinta adhesiva negra y arrojándolos a un carro de transportar equipajes. Solo queda uno de ellos: Mozart. Agachándose y abriéndole los brazos.*

MUJER JOVEN

-Ven.

El perro menea su trasero inválido. No le hace caso. La

me parece hermosa; y luego los pies de las mujeres, y sus clavículas; y los pechos de una mujer tendida con los brazos en cruz también... Mozart, sí que es verdad que a las mujeres hay que atenderlas, cuidarlas, hablarles mucho, hacerles sentir que son imprescindibles, y es verdad, Mozart, las mujeres son imprescindibles, las mujeres son capaces de soportar el dolor-en eso se parecen a ti- sin quejarse, siempre tienen fuerzas, y cuando uno cree que ya no puede más siempre hay una mujer capaz de seguir adelante... yo no he conocido a muchas, es difícil conocer a una mujer, Mozart, no te creas, no pienses que eso es cosa de una tarde, no, una vida no es suficiente para conocer a una mujer, yo no he conocido a muchas: a la madre de mi hijo a la que apenas conocí -te conozco a ti o a cualquier otro perro mejor que a ella-; a la mujer de mi hijo... apenas recuerdo lo que pasó, Mozart, como el resto de un dibujo que un niño borra después de haberse equivocado cientos de veces, así

NIÑA *se acerca al animal. El perro le olisquea la cara, le lame las mejillas, los labios y las orejas.*

NIÑA

-Ven.

La NIÑA *lo coge entre sus brazos y lo lleva hasta la camilla.*

MUJER JOVEN/ NIÑA

-¿No será mejor dejarlo para mañana?
-Y que más da un día que otro.
-Quizá mejore y se recupere
-Algún día tendrás que hacerlo.
-No soy capaz.
-Se trata de un perro más.
-No. Mozart me conoce. Le hablaron mucho de mí.
-¿Quieres que te ayude?

La MUJER JOVEN *asiente. La* NIÑA *acaricia el pelaje del perro a contrapelo hasta que la mujer introduce lentamente la aguja en la vena. El animal se retuerce en silencio. La* NIÑA *consuela al animal. Una vez el animal exhala su último soplo de*

recuerdo lo que pasó: su cara manchada de barro, el barro seco, las grietas, debajo de las grietas su rostro, el cuerpo de una niña de diez años tendido en unas sábanas inmaculadas, el placer que me daba sentir la presión de los músculos de sus entrañas, la alegría de un cuerpo desnudo corriendo por la tierra -como tú, Mozart-, la tierra que compro para vivir con ella apartado del resto del mundo, la tierra, Mozart, "la tierra, Mozart, le pertenece a la mujer", me decía mi abuela, y luego los ojos de mi hijo, si pudiera borrarlos de mi cabeza... pero a esta edad, Mozart, lo que no se ha borrado ya... mejor vamos a seguir pensando en cosas hermosas, Mozart: en las plantas que crecen en la tierra, en los ramos de flores que los chicos regalan a las chicas -algunos porque hay cada mendrugo por ahí suelto-, a mí siempre me ha gustado regalar flores, Mozart, aunque no haya sabido muy bien a quién, ver cómo las flores se secan, no, esto no, esto no es hermoso, las flores secas no, las niñas nórdicas sí, sí, eso sí

aire, la MUJER JOVEN *sella su cadáver en el sudario de plástico precitándolo con cinta adhesiva negra.*

NIÑA/ MUJER JOVEN

-Mamá, ¿volverás algún día a casa?

-No, ellos me necesitan y alguien tiene que calmar el sufrimiento de tanto perro enfermo.

-Puedo venir de vez en cuando y echarte una mano.

-No te preocupes, ya me las apaño yo.

-¿Por qué haces todo esto, mamá?

-Es mi trabajo. Esto es lo que tengo que hacer.

-¿Eres feliz aquí, en este trozo de tierra?

-Sí, soy feliz, muy feliz. Ahora ayúdame a enterrar a Mozart.

La NIÑA *y la madre entierran el cadáver de Mozart debajo de un olivo. La* NIÑA *y la madre se arrodillan en la tierra y rezan por el alma del perro. Suena Réquiem. Lenta oscuridad.*

me parece hermoso, mira tú,
las árabes no, las sudamerica-
nas dependen, las rumanas no
que son muy peligrosas y tú y
yo no estamos ya para guerri-
llas... cepillar a un perro, esto
sí que es hermoso, el sonido
del cepillo sobre la piel del
perro, acariciar a un perro,
acariciarles mientras mueren,
ver cómo parpadean sus ojos,
ver el último parpadeo antes
de morir, ver su alma ascendiendo, el hueco que deja su
alma en la tierra, eso sí que es
hermoso... Manuela, mi nieta, es hermosa, ir al cine y ver
una película donde la vida es
fácil también es hermoso... lo
triste, Mozart, lo más triste es
que nos hayamos dado cuenta ahora, cuando ya estamos
lentos, cuando ya pensamos
en la extinción, cuando ya nos
preparamos para caminar, lentamente -¡qué remedio!- hacia
la extinción, nos apagamos,
Mozart, nos apagamos, pero
es hermoso ¿no?, es hermoso
saber que todo esto seguirá
existiendo, el cine, los perros,
las flores, la piel, las mujeres y
la tierra, Mozart, la tierra.

FIN

El HOMBRE MAYOR *abandona el cobertizo seguido de Mozart. Caminan despacio. A los dos les cuesta moverse con facilidad. Sus movimientos son lentos y torpes. El* HOMBRE MAYOR *lleva una cuerda apoyada en su hombro. Se dirigen hacia el final del trozo de tierra a través de un pequeño sendero entre el olivar. El perro deja de caminar.* HOMBRE MAYOR *se gira. Lo mira. Le dice: vamos, Mozart, vamos, que ya queda poco.* HOMBRE MAYOR *y el perro desaparecen entre los árboles al tiempo que anochece por completo.*

Oscuridad.

QUE VIENE EL LOBO

Gonzalo Lloret

PERSONAJES

LOLO
CUQUI
NIÑERA
CARTERO

ACTO PRIMERO

Una habitación sin muebles, a excepción de una mecedora. Al fondo, unos gigantescos ventanales cubiertos con gruesas cortinas. A la derecha, una puerta; a la izquierda, otra, mucho más grande.

Luz opaca y triste ilumina la escena; en una mecedora, duerme la NIÑERA. *En el suelo, están acurrucados los dos niños,* CUQUI *y* LOLO, *dormidos, temblando de frío. No se escucha nada durante unos minutos.*

LOLO. *(Levantándose de repente)*. ¡Que viene el lobo, que viene el lobo!

CUQUI *se despierta gritando.* LOLO *corre a esconderse detrás de la mecedora, muerto de miedo.*

LOLO. ¡Cuidado, Cuqui, que viene el lobo!
CUQUI. ¡El lobo! *(Se tumba en el suelo y se tapa la cabeza)*.
LOLO. ¡Nos va a comer!
CUQUI. ¡No!
LOLO. Nos va a arrancar las manos, los bracitos, y nos vamos a tener que arrastrar con los dientes.
CUQUI. ¡No, Lolo, no!
LOLO. Nos iremos arrastrando y él nos perseguirá mordiéndonos, y nos quedaremos sin pies, sin piernecitas, y dejaremos de arrastrarnos porque también nos arrancará los dientes.
CUQUI. *(Todavía agachada, retorciéndose de terror)*. ¡¡Nooo!! ¡¡Noooo!!
LOLO. Y veré cómo te come los ojos, veré cómo los muerde hasta hacer explotar los globitos y veré cómo el cielo se cubre de burbujas rojas llenas de sangre.
CUQUI. ¡¡Nooo!! ¡Mis ojos, no! ¡Que solo tengo dos!

LOLO. Y luego tú escucharás cómo me lo hace a mí, porque no podrás verlo porque no tendrás ojos, y escucharás cómo grito y grito, y escucharás cómo traga mis dos ojitos azules, y escucharás cómo dos regueros de sangre me corren por la cara.

CUQUI. ¡¡Nooo!! ¡¡Lolo!! ¡¡Nooo!!

LOLO. ¡Qué miedo! *(Sale de detrás de la mecedora y hunde el rostro en el regazo de la* NIÑERA *dormida).* ¡Tata, tata, tata!

CUQUI *se levanta del suelo y hace lo mismo.*

CUQUI. ¡Tata, tata! ¡Tata!

LOLO. ¡Tata!

CUQUI. ¡¡Tata!!

LOLO. *(Levantando la cabeza del regazo, mira a la* NIÑERA*).* Está dormida.

CUQUI. Siempre está dormida.

LOLO. ¡Jo, qué rollo! Hace tanto tiempo que está dormida que ya no recuerdo si hablaba.

CUQUI. Creo que no. Era muda.

LOLO. Pero nos cantaba.

CUQUI. Sí, nos cantaba para que nos atontáramos y nos durmiéramos, y así se quedaba tranquila.

LOLO. Nos cantaba una canción muy bonita, muy bonita, tan bonita que daba pena. Te entraban ganas de llorar y de arañarte la cara con un punzón.

CUQUI. Era la canción de la lavandera coja y tuerta a la que nadie quería y a la que todos pegaban.

LOLO. *(Afectado).* No me lo recuerdes, que me pongo muy triste...

CUQUI. Cantaba muy bien, y eso que era muda. Su voz parecía una campana dorada repicando bajito, bajito.

LOLO. Qué pena que esté dormida.

CUQUI. ¿Por qué?

LOLO. Nos podría cantar la canción.

CUQUI. ¿Para qué? Hace tanto tiempo que está dormida que ya ni me acuerdo de la canción. Seguro que no me gustaba nada.

LOLO. ¿Qué no te gustaba qué?

CUQUI. La canción.

LOLO. ¿Qué canción?

CUQUI. No sé, no me acuerdo. Si no estuviera dormida, seguro que nos lo podría decir.

LOLO. Pero es que siempre está dormida. ¿Cuándo vino ya estaba así?

CUQUI. No lo sé... Papá y mamá se fueron y nos dejaron con la tata. Fue una noche de viento, nevaba contra los sauces del jardín. Un estornino se coló en el desván escapando del vendaval, y se escuchaba un llanto lejos, lejos, como en China o Bulgaria. Pero hace tanto tiempo...

LOLO. ¿Cómo eran papá y mamá?

CUQUI. *(Muy concentrada)*. Deja que recuerde... Papá era alto, muy alto, chocaba con las puertas, los techos y las grúas. Tenía el pelo negro y los ojos azules como tú, y siempre sonreía. Estaba contento por todo. Llovía, pues él estaba contento. Se inundaba la ciudad, pues él estaba contento. Mataban a miles de personas en la guerra civil de Angola, pues él estaba contento. Todo le parecía bien, nada le preocupaba. Por eso, cuando alguno de sus pacientes del hospital moría, no le daba la menor importancia y se reía a carcajadas.

LOLO. ¿Papá era médico?

CUQUI. No, qué va. Como era tan bajito, tan bajito, un día lo pararon por la calle y lo contrataron para que limpiase las tuberías y los desagües de la ciudad. Se metía dentro y los limpiaba con cepillo. Por eso cuando volvía a casa apestaba a agua estancada y tenía el pelo verde oscuro. Y no había manera de quitarle ese olor ni de limpiarle el pelo. Era un color precioso, verde oscuro tirando a gris mierda. Qué pena que no hayamos heredado su color de pelo.

LOLO. ¿Y de qué color tenía los ojos?

CUQUI. Rojos fluorescentes. Creo que era de estar tanto tiempo a oscuras en las tuberías. Resaltaban con el verde de su pelo. Una verdadera lástima que ni tú ni yo hayamos salido a él, porque era guapísimo. La gente se volvía por la calle para mirarlo y algunos hasta se rompían el cuello porque no podían dejar de hacerlo. Sus alumnas estaban como hipnotizadas, lo perseguían por los pasillos, por las aulas, por la sala de profesores... Todas querían poseer ese pelo rubio lleno de bucles y esos ojos verdes que quitaban la respiración. Ninguna aprendió nunca matemáticas, pero se sabían de memoria cada pliegue, cada arruga de su cara.

LOLO. ¿Papá era profesor?

CUQUI. No, qué va. ¿O sí? No sé, Lolo... Hace tanto tiempo que ya ni me acuerdo de si teníamos padres.

LOLO. Pues yo me acuerdo de mamá.

CUQUI. ¿Sí? ¿Cómo era?

LOLO. No sé... Solo tengo una imagen en mi memoria. Yo estaba en la cama, temblando de frío, y me puse a llorar. De repente, olía a azahar y a violetas, y me acariciaban la frente y me tapaban con una manta. Era mamá. Me dio un beso y me dijo que me durmiera, que era muy tarde. Se quedó un rato mirándome, y luego salió y dejó la puerta entreabierta. Y el aroma a azahar y violetas desapareció.

CUQUI. Mamá era buena...

LOLO. Pero no recuerdo su cara.

CUQUI. Yo no me acuerdo de la cara de nadie. Poco a poco, se me han ido borrando los rostros de todas las personas que he conocido. Y una mañana, me levanté y me di cuenta de que ni siquiera recordaba la mía. Y pensé que a lo mejor no tenía cara, y que solo había dos agujeros en el centro de mi cabeza, dos pozos negros que me servían para ver el exterior...

LOLO. Tienes una cara preciosa, Cuqui.

CUQUI. ¿De verdad? ¿No lo dices para que no esté triste?

LOLO. Eres muy guapa.

CUQUI. *(Sonrojada)*. Gracias. Tú también eres muy guapo.

LOLO. Claro, somos hermanos.

CUQUI. ¿La tata es guapa?

Se vuelven los dos hacia la NIÑERA *y la miran un rato.*

LOLO. Mmm... No sé.

CUQUI. A mí me parece normal.

LOLO. ¿De qué color tenía los ojos?

CUQUI. No sé, siempre los ha tenido cerrados.

LOLO. Es verdad, nunca le hemos visto los ojos.

CUQUI. A lo mejor no tiene.

LOLO. A lo mejor tiene dos agujeros negros.

Se quedan los dos callados y se miran.

LOLO. ¿Y si le levantamos los párpados para ver lo que hay debajo?

CUQUI. Me da miedo, Lolo. Imagínate que tiene dos agujeros...

LOLO. ¿Y qué si tiene dos agujeros?

CUQUI. Que cada vez que cierre los párpados, pensaré que me voy a quedar sin ojos y que cuando vuelva a abrirlos, no voy a ver nada.

LOLO. Pero así al menos sabríamos que ella no tiene ojos.

CUQUI. ¿Y de qué me serviría?

LOLO. Serías la chica con los ojos más bonitos de esta habitación.

CUQUI. Sería la única chica con ojos de esta habitación. Yo no me quiero sentir distinta.

LOLO. ¿Prefieres quedarte sin saber si tiene ojos?

CUQUI. Me da miedo, Lolo, mucho miedo...

LOLO. A mí también, Cuqui, pero hay que ser valiente. Papá siempre lo decía.

CUQUI. ¿Qué decía papá?

LOLO. Ya no me acuerdo... Pero seguro que le gustaría que fuéramos valientes.

CUQUI. *(Mirando a la* NIÑERA*).* ¿Morderá?

LOLO. Mmm... No sé. ¿Tenía dientes?

CUQUI. Hace tanto tiempo que no abre la boca que no sé si tiene dientes.

LOLO. Una vez resopló por la boca, ¿te acuerdas?

CUQUI. ¡¡Sí!! ¡Me acuerdo! *(Pausa).* Pero fue hace tanto... Además, fue tan rápido que no me dio tiempo de mirar si tenía dientes.

LOLO. Ni a mí tampoco. A lo mejor tiene tres ristras de dientes.

CUQUI. O dientecitos chiquititos de rata.

LOLO. O catorce jeringuillas con arsésico.

CUQUI. Lolo, tengo miedo.

LOLO. Y yo, Cuqui, pero, ¿no quieres saber?

Se miran un instante como sopesando las posibilidades.

LOLO. ¿Qué prefieres, que te muerda ella, que la conoces ya y es como de la familia, o que te muerda un desconocido como... *(Cambiando la expresión de su rostro).* ...el lobo?

CUQUI. *(Mirando la puerta con terror).* ¡El lobo!

LOLO. Sí, el lobo... Seguro que está detrás de la puerta, escuchando, olisqueando por las junturas, lamiendo las bisagras...

CUQUI. No, Lolo, no...

LOLO. Sí, Cuqui, y cada vez está más cerca, y tiene más hambre que nunca, y más fuerza para destrozar la puerta y mordernos las orejitas.

CUQUI. *(Mirando intermitentemente a la puerta y a la* NIÑERA*).* Lolo, no sé qué hacer...

LOLO. El lobo está cerca, relamiéndose, chorreando saliva espesa por el suelo, escupiendo babas espumosas y blanquecinas y oliéndonos, Cuqui, oliéndonos...

CUQUI. ¡¡Lolo!! ¡¡No sé qué decisión tomar!!

LOLO. Estamos solos, nadie puede decidir por nosotros.

CUQUI *detiene su vista sobre la* NIÑERA *tras una pausa larga.*

CUQUI. Vamos a ver si tiene ojos.
LOLO. Veámoslo.

Se acercan a la NIÑERA. *En ese momento, la* NIÑERA *saca un antifaz y sin abrir los ojos ni mediar palabra, se lo pone.*

CUQUI. ¡Vaya!
LOLO. ¡Oh, ahora nunca sabremos si tiene ojos! ¡Qué faena!
CUQUI. *(Tras una pausa).* Si te soy sincera, lo prefiero así, Lolo. Tenía mucho miedo. Así al menos puedo pensar que sí tiene ojos y sentirme contenta.
LOLO. Pero es que a lo mejor no tiene ojos y te estás engañando para el resto de tu vida.
CUQUI. Es cierto... *(Pausa, tras meditar).* ¡Esto es horrible!
LOLO. Sí, un poco.
CUQUI. Está visto que la tata no nos quiere, no nos hace caso. No nos deja ver si tiene ojos, no nos habla, no nos canta la canción de la lavandera coja.
LOLO. Es que está dormida.
CUQUI. ¿Y eso la justifica? Siempre está dormida. No sé por qué papá y mamá nos dejaron con una niñera que siempre está dormida.
LOLO. Para que no estuviéramos solos.
CUQUI. ¡Pero es que de todas maneras estamos solos! La tata no hace nada, parece parte de la mecedora. A lo mejor ella misma es una mecedora, porque nunca la hemos visto levantada.
LOLO. A lo mejor papá y mamá pensaron que no nos íbamos a dar cuenta y creyeron que nos bastaría con que estuviera ahí dormida.
CUQUI. ¡Yo necesito que me abracen! ¡Tengo miedo! *(Se pone a llorar).*

LOLO. *(Triste).* Cuqui, no llores. No llores, que se te pone una cara muy fea. *(Se acerca y la abraza).* Estoy aquí contigo, yo te cuidaré y te apretaré el cuello fuerte, fuerte, hasta que te desmayes.

CUQUI. Pero es que tú no eres mayor, y no me quitas el miedo... ¿Dónde están papá y mamá?

LOLO. No lo sé, se fueron muy lejos, en avión. ¿O fue en barco?

CUQUI. Yo creo que fue en tren.

LOLO. Mmm... La verdad, hace tanto tiempo que ya ni me acuerdo.

CUQUI. Qué pena que no nos acordemos de sus caras. Sería tan bonito cerrar los ojos y verlos como si estuvieran aquí...

LOLO. Al menos te acuerdas de que existen.

CUQUI. Me acuerdo de sensaciones, más que de otra cosa... Del olor a azahar y violetas de mamá, de un sabor a puchero con garbanzos que comimos un día, del eco que hacían sus pasos en el pasillo por la noche, de lo suave que era el abrigo de papá, de una sombra que pasaba por el salón, de una sonrisa, de un suspiro.

LOLO. Yo a veces no sé qué significa "papá" y "mamá", y me cuesta un rato recordarlo. Y me da mucho miedo. Es como si me hubieran arrancado un trozo de cerebro.

CUQUI. Yo ya no recuerdo lo que significa "iconoclasta". Tampoco sé qué era "desoxirribonucleico", ni "polisario", ni "usucapir". Pero algo me dice que son palabras feas y que no se pueden decir en voz alta.

LOLO. A mí me suenan muy bien.

CUQUI. Porque eres un cochino.

LOLO. No, porque se las he oído decir a la tata.

CUQUI. ¡Pero si la tata es muda!

LOLO. ¡Ah, no me acordaba! Entonces no las dijo ella, sería otra persona.

Llaman a la puerta.

CUQUI. ¡Lolo! ¡Han llamado!

LOLO. ¿Quién será?

CUQUI. No lo sé, pero habrá que despertar a la tata.

LOLO. ¡Tata, tata! ¡Están llamando!

La NIÑERA *no responde; llaman de nuevo.*

CUQUI. Tengo miedo, Lolo.

LOLO. ¿Y si fuera... el lobo?

CUQUI. ¡¡El lobo!!

LOLO. Sí, que viene a arrancarnos la barriguita y el higadito para tragárselos de cuajo, y los riñoncitos, y mordisqueará nuestras manitas hasta dejar los huesos al descubierto, hasta quebrar los huesos, hasta absorber la médula del interior de los huesos.

CUQUI. ¡Ay, no, Lolo! ¡¡No!!

LOLO. Sí, y su hocico lleno de sangre manchará toda la casa... Y dejará nuestros cuerpos irreconocibles, pues nos machacará hasta los dientes y no tendrán cómo identificarnos, y seremos dos charquitos inmundos de sangre, pellejo y carne putrefacta, y acabarán acudiendo las moscas...

CUQUI. ¡Las moscas! ¡No! ¡¡Las moscas, no!!

LOLO. Sí, las moscas, que son peor que el lobo, que dejan sus huevitos entre los huecos de nuestras uñitas, y cuando las larvas salen, nos van comiendo poco a poco, nos van abriendo túneles diminutos en la carne y eclosionan en millones de crías en nuestro interior, y poco a poco van creciendo y multiplicándose, y poco a poco nos vamos sintiendo peor hasta que un día nos revienta la cabeza y empiezan a fluir ríos de larvas de moscas, y moscas a medio hacer, con una sola ala, y moscas completas, con dos alas, y moscas completísimas, con tres. Y entonces estaremos muertos.

CUQUI. ¡¡No!! ¡¡No!! ¡No quiero, no quiero! ¡Tata, tata! ¡¡Tata! ¡¡Tata!!

Se tira sobre el regazo de la NIÑERA, *y* LOLO *se esconde debajo de la falda.*

LOLO. ¡Qué miedo!
CUQUI. ¡Lolo, no cuentes más esas cosas! ¡Tengo miedo!
LOLO. ¡Yo también!

Llaman al timbre de nuevo.

CUQUI. ¡Qué miedo! ¡Son las moscas!
LOLO. ¡O el lobo!
CARTERO. *(Fuera).* ¡Cartero!¡Carta certificada!, ¿no hay nadie?
CUQUI. ¡Es el cartero!
LOLO. ¡Menos mal!

Abren la puerta de la izquierda, que comunica con el exterior; el CARTERO *lleva una carta en la mano.*

CARTERO. Buenos días.
CUQUI y **LOLO.** Buenos días.
CARTERO. Tengo una carta para... *(Lee).* "Cuqui y Lolo"
CUQUI y **LOLO.** ¡Somos nosotros!
CARTERO. De parte de... *(Lee).* "Papá y mamá".
CUQUI y LOLO. ¡Papá y mamá!
CUQUI. ¡Qué bien!
LOLO. ¡No se han olvidado de nosotros!
CARTERO. *(Ofreciendo un bolígrafo y el impreso).* ¿Me firman, por favor?
LOLO. No sabemos escribir.
CARTERO. Necesito que alguien me lo firme, son las normas. ¿No hay ningún adulto con vosotros?
CUQUI. La tata, pero es una mecedora y no anda.
LOLO. Tampoco habla.
CUQUI. Ni nos canta la canción de la lavandera coja.

CARTERO. Pues si no me la firma nadie, ya la traeré otro día, son las normas.

LOLO. ¡Fírmela usted!

CARTERO. Lo siento, debe firmar el interesado, son las normas.

LOLO. ¡Pero si no sabemos firmar!

CARTERO. Entonces deben firmar los progenitores.

CUQUI. ¡Están de viaje!

CARTERO. Entonces el tutor o tutores legales.

LOLO. ¡Es que está dormida y es muda y no sabemos si tiene dientes!

CARTERO. Entonces la carta quedará a disposición judicial hasta nuevo aviso, son las normas. Más no puedo hacer, queridos niños.

CUQUI. *(A LOLO).* Yo no sé firmar, pero sí sé falsificar la firma de mamá. *(Al CARTERO).* ¿Valdrá?

CARTERO. *(Tras pensarlo).* Mmm... Puedo hacer la vista gorda, son las normas.

LOLO. ¡Gracias!

CUQUI *firma y el* CARTERO *entrega la carta.*

CARTERO. Gracias a ustedes, y buenos días. *(Recitando una melopea).* El Servicio Postal, siempre a su servicio.

Hace una reverencia y sale.

LOLO. ¡Venga! ¡Lee la carta, pronto!

CUQUI. *(Abre y lee despacio).* "Queridos Cuqui y Lolo: somos papá y mamá y os queremos mucho. Estamos en Katmandú y os añoramos mucho. Aquí hace calor y sudamos mucho. Hemos estado ya en cincuenta y dos países y hemos gastado mucho. Papá pilló una enfermedad mortal en Moldavia y se muere mucho. Nos encantaría que estuvierais con nosotros y poder pegaros mucho. Nos arrepentimos de habernos marchado dejándoos con una niñera que duerme mucho".

LOLO. Y que no nos canta la canción de la lavandera coja.

CUQUI. ¡Eso! "Y que no nos canta la canción de la lavandera coja".

LOLO. ¿Eso dice la carta?

CUQUI. Ni idea, a lo mejor... Es que me la estoy inventando. Como no sé leer...

LOLO. ¡Yo tampoco sé leer!

CUQUI *llora en voz baja.*

CUQUI. ¿Por qué no aprendí a leer en el colegio, en lugar de estar todo el día jugando a los médicos?

LOLO. Yo tampoco sé leer, Cuqui. Solo me gustaba tapar hormigueros y aplastar escarabajos.

CUQUI. ¿Qué nos contarán papá y mamá? *(Mira la carta al trasluz).* Mira lo apretada que están las letras de esta línea, seguro que cuenta algo importante. ¡Y mira! *(Llora).* ¡Mira qué triste es esta letra! Seguro que cuenta malas noticias...

LOLO. *(Ilusionado).* ¡Podemos decirle a la tata que nos la lea!

CUQUI. ¡Eso!

LOLO. ¡¡Tata, tata!!

CUQUI. ¡Ha llegado una carta de papá y mamá! ¡Tata!

LOLO. ¡¡Léela!! ¡¡Léela!!

CUQUI. ¡¡Tata!! ¡¡Léela!!

LOLO. ¡¡Tata!!

La NIÑERA *se coloca unos tapones en los oídos.*

LOLO. Creo que no quiere...

CUQUI. ¡Lo que nos faltaba! ¡Ahora, además, es sorda! *(Triste).* ¡Ay, Lolo! Nunca sabremos qué dice la carta.

LOLO. *(Cogiéndola).* Déjame verla. *(Observa detenido).* Creo que es papá quien escribe.

CUQUI. *(Triste).* ¡Papá! ¿Y por qué dices que es papá?

LOLO. Porque papá tenía la manía de escribir en negro. ¿No te acuerdas de los tinteros, y de mamá gritando "¡pero para qué has comprado tres tinteros más, si tienes quince por estrenar!"

CUQUI. ¡Ay, sí, recuerdo algo!... Había una habitación y un baúl donde papá guardaba los tinteros vacíos, y a nosotros nos gustaba abrirlo y sacar los tinteros y jugar a las tiendas. Yo tenía una perfumería y tú venías a comprar.

LOLO. Sí... Y yo me metía dentro del baúl y hacía que era un tigre que estaba en un zoológico.

CUQUI. Y yo te tiraba pistachos.

LOLO. Los tigres no comen pistachos.

CUQUI. Tú te los comías igual.

LOLO. Porque tenía mucha hambre.

CUQUI. Yo ahora tengo mucha hambre, ¿tú no?

LOLO. ¡Yo también! Bueno, yo tengo hambre siempre.

CUQUI. Noto un agujero en el estómago, y si dejo que siga creciendo, acabaré saliéndome por él. ¿Habrá hecho la tata de comer?

LOLO. No sé.

Se acercan a la NIÑERA.

CUQUI. ¡Tata! ¡Tenemos hambre!

LOLO. ¡Mucha hambre!

CUQUI. ¡Queremos croquetas!

LOLO. ¡Y pollo!

CUQUI. ¡Y macarrones!

LOLO. ¡Y helado!

CUQUI. ¡¡Tata!!

LOLO. ¡Tata, que tenemos hambre!

CUQUI. *(Casi llorando).* ¡¡Tata!!

LOLO. ¡¡Tata!!

La NIÑERA *no se mueve; resopla y sigue igual.*

CUQUI. *(Admirada)*. ¡Ha resoplado! ¿Le has visto los dientes?

LOLO. *(Furioso)*. ¡No! ¡Tengo hambre!

CUQUI. *(Igual)*. ¡Yo también! *(Mudada)*. Hace tanto desde la última vez que comimos que ya ni me acuerdo.

LOLO. *(Sorprendido)*. Es verdad... ¿Hemos almorzado?

CUQUI. Me parece que no.

LOLO. ¿Hemos desayunado?

CUQUI. Creo que tampoco.

LOLO. ¿Y ayer?

CUQUI. No me acuerdo, pero diría que no. *(Juguetea con la lengua en la boca y se toca los dientes con los dedos)*. No tengo restos de comida entre los dientes y la boca no me sabe a nada, solo a boca.

LOLO. *(Hace lo mismo)*. A mí tampoco.

CUQUI. ¿Cuándo fue la última vez que comimos?

LOLO. No lo sé. *(Se levanta la camiseta, y se aprecia lo delgado que está)*. Pero debió ser hace mucho.

CUQUI. *(Haciendo un gran esfuerzo)*. Había una mesa enorme, enorme, enorme, y había jamón, y gambas, y paté, y aceitunas, y patatas, y pistachos, y mejillones, y queso...

LOLO. ¡Sí! ¡Me acuerdo! ¡Y estaba mamá con un vestido blanco precioso, que parecía una princesa, y papá iba muy elegante.

CUQUI. Y estaba también el abuelo.

LOLO. ¿El abuelo?

CUQUI. Sí, un hombre con el pelo gris y un bigotito muy fino, que siempre sonreía y hacía bromas sobre las velas, ¿no te acuerdas?

LOLO. *(Triste)*. No, no me acuerdo. ¿Lo ves? Otra cosa más que se me ha olvidado. Cada día que pasa se me olvidan más.

CUQUI. No estés triste, Lolo. Es normal que no te acuerdes, el abuelo murió antes de que naciéramos.

LOLO. ¿Y eso que importa? ¡Tú te acuerdas!

CUQUI. Porque soy un año mayor que tú. Además, te acuerdas muy bien de papá y mamá, y eso es lo más importante.

LOLO. *(Sonriendo).* ¡Es verdad! Estaban muy guapos aquel día: mamá llevaba un traje de chaqueta de terciopelo burdeos y papá una americana blanca con pajarita.

CUQUI. Yo solo me acuerdo de la comida que había en la mesa.

LOLO. Yo ya ni me acuerdo de lo que se hacía con la comida.

CUQUI. Yo tampoco. ¿Había que echársela por encima?

LOLO. No, me parece que había que meter los pies dentro.

CUQUI. Qué incómodo, ¿no?

LOLO. Sí. Por eso a ti no te gustaba mucho comer.

CUQUI. Pero el abuelo no hacía eso... Él solo se quedaba mirando los platos y se echaba a llorar.

LOLO. Habrá formas diferentes de hacerlo, dependiendo del plato.

CUQUI. Será. *(Pausa).* Pues yo estoy deseando meter el ombligo en unas albóndigas.

LOLO. ¡Qué rico! A mí me encantaría refregarme un pionono por las cejas.

CUQUI. Sí, estaría bien. ¡Y volcarse un plato de sopa dentro de las bragas!

LOLO. ¡Y rascarse la espalda con una pierna de cordero!

CUQUI. ¡Y acostarse en una cazuela de migas!

LOLO. ¡Qué ganas me están entrando! *(Mirando a la* NIÑERA*).* ¡Tata! ¡Queremos comer!

CUQUI. ¡Tata! ¡Si no comemos, se nos van a olvidar los nombres de las frutas!

LOLO. ¿Las frutas? ¿Qué son las frutas?

CUQUI. Pues son unas cosas así como redonditas, más grandes o más pequeñas, que se toman después de comer.

LOLO. No me acuerdo...

CUQUI. Hay unas rojas muy pequeñas con un rabito que están muy buenas, y otras naranjas que tienen la piel arrugadita y que se guardaban en una cesta en la cocina.

LOLO. Cocina... Cocina... Me suena ese nombre.

CUQUI. A mí también.

LOLO. ¿Era una amiga nuestra?

CUQUI. No, era amiga de la tata. Llevaba una cofia blanca y un delantal de organza, y cantaba canciones...

LOLO. ¡La canción de la lavandera coja!

CUQUI. No, eran canciones en otro idioma, porque la cocina era extranjera. Por eso no la dejaban salir de una habitación que era donde vivía, llena de comida enlatada y sobres de sopa. Si no me equivoco, era por aquí cerca...

LOLO. ¿Cómo de cerca?

CUQUI. Cerca, no puedo precisar cuánto... A decir verdad, ya no sé cuándo es cerca y cuándo no.

LOLO. Ay, Cuqui, tengo miedo... Cada vez me acuerdo de menos cosas...

CUQUI. Yo también, Lolo. Dentro de poco, ya ni nos acordaremos de papá y mamá.

LOLO. ¡Con lo guapo que estaban aquel día! Mamá llevaba un traje de gasa rosa y papá iba vestido de motorista con unos pantalones de cuero.

CUQUI. *(Cogiendo la carta del suelo).* ¿Qué dirán papá y mamá? ¿Qué dirán? *(Huele la carta).* Huele a droguería, a almizcle, a clase turista, a hostal barato...

LOLO. ¿Nos echarán de menos?

CUQUI. Si nos echaran de menos, habrían vuelto.

LOLO. Tengo miedo... ¿te imaginas que nos olvidáramos del lobo?

CUQUI. ¡¡El lobo!!

LOLO. Sí, que un día llamaran a la puerta y no tomáramos la precaución de decir que enseñaran la patita por debajo de la puerta, y abriéramos como si tal cosa, y nos encontráramos de frente con el lobo.

CUQUI. ¡¡El lobo!!

LOLO. Sí, pero como no nos acordaríamos de él, le dejaríamos entrar sin temor alguno, y podría campar a sus anchas, y nos iría matando poco a poco, como quien no quiere la cosa, y no nos daríamos ni cuenta...

CUQUI. ¡No, Lolo! ¡No!

LOLO. Y un día me daría cuenta de que te faltaba una oreja y media cara, y que te veía el interior de la mandíbula y la cavidad nasal, y al día siguiente tú verías que me faltaban cuatro dedos y que el quinto había quedado reducido a un muñoncito supurante.

CUQUI. ¡¡No, Lolo!! ¡¡No!!

LOLO. Y el lobo nos iría arrancando poquito a poco la carne, hasta dejar solo el esqueleto. Pero sería tan lento que antes nos invadirían los gusanos de la patata, que se meterían por las heridas y los agujeros y se multiplicarían en nuestro interior...

CUQUI. ¡Los gusanos no, Lolo! ¡¡Los gusanos, no!!

LOLO. Sí, y llegaría un momento que no podríamos hablar, porque tendríamos la boca llena de gusanos, ni podríamos respirar, porque tendríamos los pulmones llenos de gusanos, y nos ahogaríamos entre horribles estertores, vomitando gusanos, escupiendo gusanos...

CUQUI. ¡¡No!! ¡¡Nooooo!! (*Se lanza al regazo de la* NIÑERA).

LOLO. ¡¡Qué miedo!! (*Se mete debajo de la falda de la* NIÑERA).

CUQUI. ¡¡Tata!! ¡Tengo miedo!

LOLO. ¡Tata!

CUQUI. ¡¡Tata!!

LOLO y CUQUI. ¡¡Tata!!

Se apartan asustados.

CUQUI. Es inútil. La tata ya no nos quiere.

LOLO. Tendremos que sobrevivir sin ella.

CUQUI. Sin la canción de la lavandera coja.

LOLO. Sin comida.

CUQUI. Sin ninguna caricia, ningún beso.

LOLO. Sin papá y mamá...

CUQUI. Sin papá y mamá...

CUQUI *coge de nuevo la carta y la chupa desconsolada.*

CUQUI. ¿Por qué os marchasteis, por qué nos dejasteis solos?

LOLO. Ellos nunca pensaron que lo íbamos a pasar mal, Cuqui.

CUQUI. ¿Cómo lo sabes? A lo mejor lo hicieron aposta, porque no nos querían.

LOLO. No, mamá era buena... Siempre llegaba dando saltitos y sonriendo, y decía: "¿Dónde están mis niños?" Y nos abrazaba con tantas ganas que a veces nos llenaba la espalda de arañazos... ¿Te acuerdas? Y yo sé que a veces entraba en nuestra habitación, y nos acariciaba la cara, muy despacio, y lloraba muy bajito, muy bajito, y decía "Mis niños, mis niños"...

CUQUI. *(Asustada).* ¡Ya se me olvidó la cara de mamá, Lolo! Hace un rato me acordaba, pero ya no la veo... Solo hay pelo rubio y rizado y una mancha borrosa en la cara. *(Cierra los ojos y los aprieta con fuerza).* ¡Por favor, no te vayas, por favor, no te vayas!

LOLO. ¡Aprieta fuerte, Cuqui! ¡No dejes que se escape!

CUQUI. ¡No te vayas, mamá, no te vayas, no te vayas, por favor!

LOLO. ¡Más fuerte, Cuqui! ¡Agárrala, agárrala!

CUQUI. ¡No te vayas, no te vayas!...

LOLO. ¡Fuerte, fuerte!

CUQUI. No te vayas... *(Abre los ojos y llora en silencio).* Se ha ido...

LOLO. *(La abraza).* No llores, Cuqui. Papá y mamá volverán, y en cuanto lleguen, te acordarás de la cara de mamá.

CUQUI. ¿Seguro, Lolo? ¿No se han olvidado de nosotros?

LOLO. Ya lo verás, volverán pronto. Lo único importante ahora es que no nos olvidemos del lobo. Hay que acordarse siempre del lobo.

CUQUI. Y de las moscas.

LOLO. Y del gusano de la patata.

CUQUI. ¡Cuántas cosas! No sé si me van a caber en la cabeza.

LOLO. Tenemos que intentarlo, Cuqui. Alguien decía que hay que ser valientes.

CUQUI. ¿Quién?

LOLO. No me acuerdo.

CUQUI. ¡No sé si podré, Lolo!

LOLO. Solo nos tenemos el uno al otro. Yo te voy a cuidar muy fuerte y muy abajo.

CUQUI. *(Acariciando la carta).* ¿Y papá y mamá, Lolo?

LOLO. Ya volverán, Cuqui. Ya volverán.

CUQUI. Si al menos la tata nos cantara...

TELÓN

ACTO SEGUNDO

El mismo escenario; la mecedora, y sobre ella, una manta que oculta por completo a la NIÑERA. CUQUI *está sentada a los pies de la* NIÑERA, *mientas* LOLO *está en un extremo del escenario, a la derecha, ante la puerta que se supone comunica con el resto de la vivienda.*

CUQUI. *(Cantando).* "Había una lavandera"...

LOLO. Hubo un tiempo... Hubo un tiempo en que la casa era enorme.

CUQUI. "Había una lavandera"...

LOLO. Había mil habitaciones. Varios salones. Tres plantas. Seis tramos de escalera. Una sala de juego. Un lavadero. Tres terrazas. Siete cuartos de baño.

CUQUI. "Había una lavandera, sentada..."

LOLO. Uno se perdía por la casa si andaba despistado o muy deprisa. Podías caminar durante horas sin encontrarte con nadie. Con nadie. Una vez jugamos al escondite, y un niño se escondió tan bien, que aún no lo hemos encontrado. Su cadáver estará en algún rincón.

CUQUI. "Sentada... Sentada..." ¿Dónde estaba sentada?

LOLO. Pero un día, la casa empequeñeció. Se hizo diminuta, diminuta, como un botón, como una ladilla. No sé si fue algo progresivo o súbito. No lo recuerdo.

CUQUI. ¿Dónde mierda estaba sentada?

LOLO. Quedó reducida a esta habitación, a estas cortinas, esta mecedora y estas dos puertas. Nada más. El resto se volatilizó.

CUQUI. *(Canta angustiada).* "Había una lavandera, sentada..."

LOLO. Y tengo miedo. Tengo muchísimo miedo.

CUQUI. "Había una lavandera, sentada... Sentada..."

LOLO. Porque no sé si la escalera y las tres puertas siguen ahí, si hay algo más allá.

CUQUI. *(Llorando).* ¡¡No me acuerdo!! ¡¡No me acuerdo!!

LOLO. *(Volviendo a la realidad, se gira hacia* CUQUI). ¡Caqui! ¿Qué te pasa?

CUQUI. ¡Lalo! ¡No me acuerdo de la canción! ¡No me acuerdo!

LOLO. ¿Qué canción, Cuqui?

CUQUI. ¡La canción de la lavandera...! *(Se queda callada)*. La canción de la lavandera... *(Intentando recordar)*. ¿La lavandera roja?

LOLO. No sé qué canción es esa.

CUQUI. Sí, Lalo, la canción que nos cantaba la tata para que lloráramos, ¿no te acuerdas?

LOLO. No.

CUQUI. ¿Lo ves? *(Llora)*. ¡Tú tampoco te acuerdas! *(Cantando)*. "Había una lavandera..." "Había una lavandera..." ¡Ya no sé más! *(Se echa al suelo en medio de sollozos)*.

LOLO *se sienta en el suelo y la acaricia.*

LOLO. Cuqui, no llores. No estés triste, que esa canción no era importante...

CUQUI. ¿No?

LOLO. No. Si fuera importante, te acordarías.

CUQUI. ¿Sí?

LOLO. ¡Claro! ¿No te acuerdas de Micaela?

CUQUI. ¿Micaela?

LOLO. Sí, Caqui. ¡Micaela, tu muñeca!

CUQUI. Micaela... *(Se queda pensativa)*. Me acuerdo de una muñeca de trapo con el pelo verde y los ojos rojos. Resplandecía. Era un verde brillante, tan brillante que llegaba a marear. Y sus ojos... Sus ojos daban pánico.

LOLO. *(Extrañado)*. No, Micaela no era así. Tenía una trenza rubia y un lazo celeste en la punta, y un vestidito de organza. Ibas a todos lados con ella.

CUQUI. ¿Seguro que era rubia? Yo solo me acuerdo del pelo verde y los ojos rojos, y un olor nauseabundo, como a cloaca atascada con excrementos de perros.

LOLO. No, qué va... Micaela era linda, muy linda. Era tan linda que a ti te daban ataques de celos y la encerrabas en un baúl.

CUQUI. ¿En el baúl de los tinteros?

LOLO. ¿Qué baúl de los tinteros?

CUQUI. No sé, uno que olía a jazmín y a azahar, y que a veces se acercaba a nosotros y nos acariciaba...

LOLO. No puedo recordarlo, Cuqui. Era un baúl donde te encerrabas y te pasabas días allí metida, hasta que el mal olor y el hambre te hacían salir.

CUQUI. Será verdad, si tú lo dices.

LOLO. No, yo tampoco estoy seguro. Ya no estoy seguro de nada. Desde que la casa encogió, no estoy seguro de nada. La mitad de las cosas que sabía se quedaron del otro lado, y no hay forma de recuperarlas.

CUQUI. ¿Por qué?

LOLO. Porque no sabemos si sigue habiendo otro lado.

CUQUI. ¿Y por qué no intentamos descubrirlo?

LOLO. ¿Tú te acuerdas cuando había que enseñar la patita por debajo de la puerta, cuando había que huir de las ruecas y las manzanas, cuando era preferible que no te faltara una pierna si eras un soldadito de plomo?

CUQUI. ¡Como la mecedora, que es coja!

LOLO. Pero la mecedora no es un soldadito.

CUQUI. Pero a lo mejor es de plomo.

LOLO. Puede ser... ¿Te acuerdas de todo eso? ¿Y de mujeres que colgaban sus cabellos de las ventanas, de enanos que convertían el hilo en oro, de hadas que cumplían tus deseos?

CUQUI. Vagamente... Sí, sé que hubo un tiempo en que todo era así.

LOLO. Pero luego las cosas se complicaban. Aparecían brujas, cazadores, reyes malvados, magos, madrastras, lobos...

CUQUI. ¡Lobos! ¡Lalo! ¡Por un momento me había olvidado de que había lobos!

LOLO. Lobos, sí... Y los lobos traían moscas, y gusanos, y bacterias, y una procesión de viudas con los ojos huecos y las entrañas en la mano.

CUQUI. ¡¡No, no!! ¡¡No quiero acordarme!! ¡No hables de lobos, no empieces otra vez! ¡¡No quiero esconderme otra vez!!

LOLO. Pero nosotros estamos en ese punto, justo antes de que el lobo se abalance sobre nosotros... ¿y sabes qué?

CUQUI. ¿Qué?

LOLO. Que algunas veces gana el lobo, y otras, no. Y eso nunca se puede saber hasta el final del cuento, hasta que llega alguien que milagrosamente abre las tripas al lobo y nos rescata. El mundo está lleno de cuerpos en descomposición en el interior de millones de estómagos de lobos.

CUQUI. ¿Y tú cómo sabes eso?

LOLO. No lo sé, solo lo intuyo... Como intuyo que no podremos pasar al otro lado.

CUQUI. Yo no sé si podremos pasar o no. Lo que sí sé es que no recuerdo que hubiera otro lado.

LOLO. ¿No recuerdas el lavadero, Caqui?

CUQUI. ¿El lavadero?

LOLO. Sí. El lavadero. *(Silencio)*.

CUQUI. El lavadero... Ay, Lalo, no sé por qué, pero pensar en el lavadero me llena de angustia...

LOLO. ¿No te acuerdas de lo que pasaba en el lavadero?

CUQUI. No, Lalo, no.

LOLO. Mejor que no lo recuerdes. Solo de pensar en aquello siento como si me arrancaran las pestañas con unas tenazas y me entran ganas de esconderme debajo de las sillas, en los rincones, bajo las piedras.

CUQUI. Recuerdo el olor a detergente y lejía.

LOLO. No sigas, Caqui.

CUQUI. *(Como en trance)*. Y unas manos, unas manos con las uñas manchadas de barro que se aproximaban, se aproximaban...

LOLO. ¿Ves cómo sí te acuerdas?

CUQUI. *(Saliendo del trance).* Pero ya no recuerdo nada más.

LOLO. *(Aterrado).* ¿Seguro?

CUQUI. De verdad.

LOLO. ¿No recuerdas a quién pertenecían aquellas manos?

CUQUI. No.

LOLO. ¿Y tampoco recuerdas lo que hacían aquellas manos, no lo recuerdas?

CUQUI. No, Lalo, no. ¿Tendría que acordarme?

LOLO. Si lo has olvidado, mucho mejor. Así las pesadillas no te despertarán a medianoche.

CUQUI. ¿Sueñas con el lavadero?

LOLO. Todas las noches.

CUQUI. ¿Y qué sueñas?

LOLO. Lo peor de todo es que nunca puedo recordar cómo acaba el sueño.

CUQUI. Bueno, si no lo recuerdas será porque no era importante.

LOLO. Solo recuerdo que las manos se aproximan, y luego me tocan y me acarician, y yo... Y yo.. *(Llora).*

CUQUI. ¡Lalo! ¡Lalo! ¡No llores!

LOLO. Tengo miedo, Caqui. Tengo miedo de esas manos.

CUQUI. ¡Pero si es un sueño!

LOLO. No, Caqui. Ese sueño ha pasado antes. Mi sueño es el recuerdo de algo que pasó alguna vez. *(Pausa).* O la premonición de algo que va a pasar.

CUQUI. Bueno, que unas manos te acaricien no es malo, es agradable.

LOLO. No, Caqui. Esas manos... Esas manos hacen algo más que acariciar, y... ¡dan pánico! ¡Pánico! *(Llora).*

CUQUI. ¡Lalo! ¡Lalo! ¡No llores! *(De nuevo como en trance).* Yo no tengo ese sueño, pero también recuerdo esas manos, alrededor de mi cuello, apretando dulcemente, poco a poco...

LOLO. ¡Caqui! ¡Cállate!

CUQUI. Y mientras las manos aprietan, hay una voz que pregunta: "¿Te gusta? ¿Verdad que te gusta? ¿Verdad, verdad que te gusta?"

LOLO. ¡¡Caqui, cállate, cállate! *(Da un fuerte alarido.* CUQUI *se queda callada, absorta en el grito. Pausa larga).* Por favor, no digas nada más.

CUQUI. *(Sin mirarlo).* Yo he escuchado tu grito antes, hace mucho tiempo.

LOLO. *(Susurrando).* Por favor.

CUQUI. *(Tras una pausa).* ¿Y seguirán las manos en el lavadero? *(*LOLO *guarda silencio).* ¿Seguirá existiendo el lavadero al fondo del pasillo, detrás de la alacena? *(*LOLO *no dice nada).* ¿Seguirán allí las manos, esperándonos? ¿Esperándonos...?

LOLO. *(Interrumpiendo).* ...¿Como el lobo? *(Mira agresivo a* CUQUI).

CUQUI. El lobo...

LOLO. Sí, Caqui, el lobo. ¡El lobo! Porque el lobo puede olernos a pesar de la puerta y las paredes y los obstáculos. Desde kilómetros de distancia puede reconocer a su presa y correr a su encuentro, y esperar al acecho...

CUQUI. ¡No, Lalo! ¡No!

LOLO. *(Sonriendo).* Sí, el lobo puede esperar al acecho años y años hasta que la víctima está débil y no se puede defender. Y entonces sale de su guarida y se aferra con sus fauces a la carne fláccida y escuchimizada, arrancando jirones de piel reseca y quebradiza, desmenuzando con sus dientes carne de enfermo, de desnutrido, de moribundo...

CUQUI. *(Se tapa la cara con las manos).* ¡No, no sigas! ¡Lalo!

LOLO. ¡Y su saliva venenosa se mezcla con la sangre que mana de las heridas, infectando la carne con su aliento, transmitiendo la rabia, la locura, la cólera que se esconden en los recovecos de sus dientes malolientes!

CUQUI. *(Apartando sus manos, deja la cara al descubierto. Agresiva).* ¡Sí, como las manos, como las manos que acarician y aprietan!

LOLO. *(Asustado).* ¡No!

CUQUI. ¡Sí, como las manos que desnudan y toquetean y abren y soban y vuelven a abrir!

LOLO. ¡¡No!!

CUQUI. ¡¡Sí, como esas manos sucias que se introducen, que hacen daño y vuelven a salir mezclando la sangre con el barro de sus uñas!!

LOLO. ¡¡Nooo!! ¡¡Nooo!! ¡Antes te destrozará el lobo! *(Corre a la mecedora y se esconde debajo de la manta).*

CUQUI. ¡¡Nooo!! ¡¡Nooo!! ¡Las manos te atraparán primero! *(También corre y se esconde al otro lado de la mecedora).*

Se escuchan unos golpes en la puerta. LOLO *asoma por un extremo de la manta y* CUQUI *por el otro.*

LOLO. ¿Has oído eso?

CUQUI. Sí.

LOLO. Me suena ese ruido. ¿Es un tren al pasar?

CUQUI. No, creo que es el teléfono.

De nuevo suenan los golpes en la puerta.

LOLO. No tenemos teléfono.

CUQUI. ¿Telequé? ¿Qué significa esa palabra?

LOLO. No lo sé, la verdad, es la primera vez que la oigo.

Llaman de nuevo a la puerta.

CUQUI. Es la alarma de seguridad, que ha saltado.

LOLO. No, la alarma la desconectamos para poder subir al piso de arriba, ¿no te acuerdas?

CUQUI. ¿Qué piso de arriba?

LOLO. El que había subiendo las escaleras, que se abría en dos alas, que tenía habitaciones y más habitaciones y más habitaciones, donde había miles de tinteros sin utilizar.

Llaman de nuevo.

CUQUI. Creo que te estás confundiendo de casa. ¿Seguro que era aquí?

LOLO. No sé, es lo que dicen, no lo recuerdo bien.

CUQUI. ¿Quién?

LOLO. ¿Quién qué?

CUQUI. Que quién lo dice.

LOLO. Ellos. Los que sí recuerdan. Los que viven arriba.

CUQUI. Arriba no existe. Solo existe esto.

Llaman de nuevo.

LOLO. A lo mejor es Micaela.

CUQUI. ¿Micaela?

LOLO. Sí, Micaela, que siempre tenía los ojos cerrados, y no sabíamos si tenía ojos o no, ni si tenía dientes o jeringuillas de arsénico, que una vez resopló, y que nos cantaba para que nos atontáramos.

CUQUI. Mmm... Sí, me suena un poco, pero... ¿se llamaba Micaela? ¿No se llamaba "Mecedora" o algo así?

LOLO. ¿Y no será que están llamando a la puerta?

CUQUI. Pero si no tenemos puertas.

LOLO. ¿Cómo que no? Tenemos dos. *(Señala).* Allí y allí.

CUQUI. Eso no son puertas; son ataúdes.

LOLO. ¡Es verdad! Lo había olvidado. Bueno, pues será que están llamando a los ataúdes.

CUQUI. Nadie llama a los ataúdes. Solo los que están dentro.

LOLO. ¿Y nosotros dónde estamos? ¿Dentro o fuera?

CUQUI. Así de repente no sé la respuesta.

Llaman de nuevo.

LOLO. El ruido viene de ese ataúd.

CUQUI. ¡No te acerques! Los ataúdes son muy traicioneros. Uno los abre y no sabe lo que se puede encontrar después.

LOLO. Pero insisten, Caqui. ¡A lo mejor es algo importante!

CUQUI. ¡A lo mejor es papá y mamá!

LOLO. ¿"Papaymamá"?

CUQUI. ¡Sí, tonto! Papá y mamá.

LOLO. ¿Papaymamá? Y eso, ¿qué es?

CUQUI. Papá *(Pausa)*. Y *(Pausa)*. Mamá. Son dos cosas distintas.

LOLO. Ah, vaya. ¿Y para qué sirven?

Llaman de nuevo.

CUQUI. Para marcharse de vacaciones y dejarte encerrado en una casa desierta.

LOLO. Eso no es muy divertido.

CUQUI. También sirven para otras cosas, para olvidarse de ti, para venderte cuando ya no te necesitan, para descargar todas sus frustraciones personales en ti...

LOLO. Mmm... Yo solo recuerdo un olor... Un olor a azahar y a violetas... Y que alguien me decía lo que tenía que hacer, cómo debía vestirme, cómo debía hablar y comportarme, y que decidía también lo que tenía que estudiar y dónde y que planificaba mi vida sin consultarme, que me ridiculizaba delante de los desconocidos y que repetía continuamente mis defectos para humillarme.

Llaman de nuevo.

CUQUI. Sí. Esa voz eran papá y mamá.

LOLO. Papaymamá.

CUQUI. Papá y mamá.

LOLO. ¿Papaymamá?

CUQUI. No. Papá. Y. Mamá. Ya te he dicho que papá y mamá eran dos cosas diferentes.

LOLO. ¿Dos cosas diferentes? Yo solo recuerdo una voz.

CUQUI. Pero en cambio sí recuerdas dos manos...

LOLO. ¡Oh, sí! Las manos... ¡Las manos!

Llaman de nuevo.

LOLO. ¿Serán las manos?

CUQUI. Las manos no habrían llamado. Estarían ya dentro, arrastrándose por el suelo para llegar a tu cuello.

LOLO. ¡No, Caqui! No digas eso. Puede que sean papá y mamá.

CUQUI. Si fueran papá y mamá no llamarían. Ellos tienen su propia llave. ¿No ves que esta es su casa?

LOLO. ¿Esta casa es suya?

CUQUI. Sí. Hubo un tiempo en que ellos vivían aquí, un tiempo en que todos vivíamos felices en esta casa. Pero duró muy poco, unos meses o tres días, más o menos. Muy pronto las cosas cambiaron y empezaron a clausurar habitaciones. Vino el médico y puso la casa en cuarentena.

LOLO. Y todo se llenó de cajas.

CUQUI. Y de ataúdes, infinidad de ataúdes que se cerraban y nos encerraban más y más. Y cada día había más ataúdes entre papá y mamá y nosotros. Hasta que un día los perdimos de vista, porque había demasiados ataúdes en medio. Y aprovecharon ese día para tomar un barco y desaparecer.

Llaman a la puerta una vez más con un golpe seco y agresivo. Se escucha el resquebrajo de la madera.

LOLO. Son los ataúdes.

Se miran y guardan silencio. Se escuchan pasos alejarse.

CUQUI. Se han ido.

LOLO *se acerca despacio a la puerta. Hace ademán de abrir, pero* CUQUI *le grita.*

CUQUI. ¡No abras! Algo me dice que había que tener cuidado con estas cosas… ¿No te suena de algo?

LOLO. Puede ser.

CUQUI. Mira por abajo. ¿Hay alguien?

LOLO *se agacha y observa a través de la gatera.*

LOLO. Hay algo.

CUQUI. ¿Es una persona?

LOLO. No creo.

CUQUI. ¡Ya me acuerdo! *(Sonríe).* Dile que te enseñe la patita por debajo de la puerta. ¡Eso es!

LOLO. No es una persona. Parece una maleta o una caja o un pelícano.

CUQUI. ¿No ves a nadie?

LOLO. No hay nadie.

CUQUI. Entonces puedes abrir.

LOLO *abre. Hay una caja enorme.*

CUQUI. ¿Qué es eso?

LOLO. No sé. Parece una cesta de Navidad.

CUQUI. No puede ser una cesta de Navidad.

LOLO. ¿Por qué?

CUQUI. Porque no es Navidad.

LOLO. ¿Cómo lo sabes?

CUQUI. Si fuera Navidad, todo estaría decorado con luces rojas, y tendríamos un árbol en el salón y sonarían villancicos de fondo, y en la cocina estarían matando pollos, y todo estaría lleno de sangre de pollo, salpicado por las paredes, y tiraríamos a la basura bandejas y más bandejas de comida.

LOLO. Llevas razón. Entonces, ¿qué será?

CUQUI. Parece un regalo.

LOLO. ¿Y si es un ataúd? *(Se miran).* Y ya sabemos lo que pasa con los ataúdes.

CUQUI. Cierra la puerta.

LOLO. ¿Cómo?

CUQUI. Cierra la puerta.

LOLO. ¿Cómo? ¿Y voy a dejar eso ahí fuera?

CUQUI. Sí, no me fío de esa caja.

LOLO. ¿No quieres que la abramos para ver qué tiene dentro?

CUQUI. No. Cierra.

LOLO *cierra la puerta y se queda mirando a* CUQUI *un rato.*

LOLO. ¿De verdad que no quieres saber qué tiene dentro?

CUQUI. No.

LOLO *se sienta en el suelo, decepcionado, y comienza a golpear el suelo con los pies, rítmicamente.*

CUQUI. ¿Qué te pasa?

LOLO. Nada.

CUQUI. Solo te sientas en el suelo y haces eso cuando estás enfadado.

LOLO. No, también lo hago cuando tengo hambre.

CUQUI. ¿Hambre? ¿Qué es hambre?

LOLO. No lo sé, algo que tenía que ver con la barriga y las tripas. Pero hace tanto tiempo que mi estómago se desintegró. Ya da lo mismo.

CUQUI *lo observa mientras* LOLO *sigue golpeando el suelo.*

CUQUI. Venga, Lalo, dime qué te pasa.

LOLO. Me duele la cabeza. Será de pensar.

CUQUI. ¿Quieres que juguemos a los médicos y te cure? ¿Quieres que te rape el pelo y te clave astillas en las uñas?

LOLO. No, no quiero jugar a nada contigo nunca más. Eres muy aburrida.

CUQUI *se aparta y se sienta en un rincón.* LOLO *sigue golpeando el suelo con los pies. Un momento después,* CUQUI *comienza a hipar y a sorber los mocos en su rincón.* LOLO *no reacciona en un buen rato, hasta que se vuelve hacia* CUQUI.

LOLO. ¿Te acuerdas del tío Braulio?

CUQUI. *(Secándose las lágrimas).* No.

LOLO. Yo tampoco, es curioso. *(Pausa).* Pero sí me acuerdo de un juego que nos hacía. Cuando venía a casa, ¿te acuerdas? Era cuando le daban libertad condicional, y venía oliendo a tabaco, a colonia cara y a burdel de carretera.

CUQUI. *(Acercándose desde su rincón).* No me acuerdo.

LOLO. Bueno, no sé si era él o papaymamá quien olía así. Lo cierto es que el tío nos hacía un juego, nos enseñaba las dos manos y nos decía que en una había una moneda y en la otra una guindilla. Si acertábamos dónde estaba la moneda, nos la daba; pero si nos equivocábamos, teníamos que comernos la guindilla.

CUQUI. ¿Qué es una guindilla?

LOLO. No estoy seguro, creo que era un tipo de caramelo. La guindilla era roja y con granitos por dentro.

CUQUI. ¿Cómo lo sabes?

LOLO. Porque me comí muchas.

CUQUI. No me acuerdo...

LOLO. Claro. Tú nunca jugaste al juego. Decías que no querías arriesgarte.

CUQUI. ¿Y tú?

LOLO. Me comí tantas guindillas que me llené el estómago de úlceras. Tuve una hemorragia interna.

CUQUI. ¡Qué horror!

LOLO. Pero tenía tantas monedas que no importaba. Además, para lo que sirve el estómago, no importa que se destroce. *(Sonríe).* Pero tú... *(Su rostro se ensombrece).*

CUQUI. ¿Qué?

LOLO. Tú nunca quieres saber, Caqui. Siempre prefieres encerrarte en el baúl o bajar al sótano. Te pones la careta de payaso y te quedas sonriendo con tu cara de plástico. Es odioso. Esa sonrisa de color verde chillón me enferma. Y esos ojos planos que no tienen párpados... Es insoportable.

CUQUI. ¿Y qué tiene de malo?

LOLO. Que esa careta forma ya parte de tu cara. Esa sonrisa se ha convertido en tu sonrisa. Eres ficticia hasta cuando lloras. Cuando seas vieja, te arrepentirás de todas las cajas que no has querido abrir porque tenías miedo de que vieran abrirlas. Y entonces no tendrá solución, porque habrás desperdiciado todas las oportunidades por culpa de la careta, que no te deja apenas respirar.

CUQUI. No digas eso, Lalo.

LOLO. Es la verdad. Del mismo modo que yo evito recordar las cosas que han pasado en esta casa, pero que están aquí, aquí, aquí dentro *(Se aprieta la cabeza con las manos)*, tú evitas que pasen. La calma de la petrificación. La careta, el disfraz y los buenos días. Prefieres la paz de estar muerta en vida, sonriendo en verde a todos, mientras intentas acordarte de una canción estúpida. ¿Para qué? Esa canción no te va a enseñar a respirar.

Se miran fijamente.

CUQUI. ¿Y tú qué haces, si puede saberse? ¿Haces algo para salvarte?

LOLO. Bueno, al menos no me visto de princesa. No soy tan cobarde.

CUQUI. ¿Te crees mejor que yo?

LOLO. ¿Quieres que te diga la verdad?

CUQUI. *(Muy seria).* Sí.

LOLO. Durante mucho tiempo tuve envidia de ti. Quería verte muerta, aplastada por un camión o un piano de cola. Eras inteligente, sabías nombres de ciudades y verbos polirrizos, te nacían flores en los dedos. Yo quería ser como tú. Eras perfecta. *(Pausa)*. Hasta que vi que te ponías alzas en los zapatos y te arañabas la espalda para que la gente te preguntara qué te había pasado. Ponías cara de tristeza y decías que te habían violado. Llorabas y todos te compadecían. Y volvías a casa sonriendo para idear nuevas formas de compasión. Fue entonces cuando empecé a conocerte de verdad.

CUQUI. ¡Tú también llegabas al colegio con heridas en la cara y cardenales por el cuerpo!

LOLO. Mis heridas eran reales, no me las había hecho yo. Pero tu actuación era tan convincente que nunca nadie me preguntó a mí qué me había pasado. Acaparabas toda la atención como una araña avariciosa.

CUQUI. ¡Yo sufría, a mí nadie me maltrataba por las noches! ¡Yo quería ser como los demás!

LOLO. No respetabas ni el sufrimiento ajeno. Tu mentira era más importante que la realidad de los demás. Todavía me das asco, Caqui. Pero estamos aquí dentro los dos, atrapados, y tengo que seguir manteniendo un mínimo de comunicación. Si no, ya habría dejado de hablarte hace mucho.

CUQUI. *(Con ira)*. Por mí no lo hagas. No tienes ninguna obligación conmigo.

LOLO. No lo hago por ti. Eres la única persona que tengo cerca y tampoco quiero olvidar cómo se habla.

CUQUI. Claro, si yo no estuviera aquí, no tendrías con quién hablar de las manos y del sótano y del lavadero y del desván y de todo lo que ocurría allí.

LOLO. *(Un poco asustado)*. Prefiero hablar de otras cosas, Caqui. De tu falta de integridad, de tu incapacidad para tirarte a una piscina de cabeza, de tu fingimiento, de tu miedo a las hormigas y a los bolígrafos negros.

CUQUI. A lo mejor soy cobarde, pero también soy más lista que tú. Siempre supe escapar del sótano y de la geografía de esta casa.

LOLO. *(Se ríe).* ¿Escapar? ¿Te refieres a cuando te encerrabas en el baúl, donde empezaba a faltarte el aire y te ponías morada y empezabas a arañar la madera para salir?

CUQUI. Sí, así me destrozaba las uñas, porque nunca nadie me las arrancó de cuajo como a ti.

LOLO. Cállate.

CUQUI. Nunca me arrastraron las manos desde el desván hasta el sótano.

LOLO. No hables de las manos, tú nunca las viste. No tienes derecho a hablar.

CUQUI. Yo jamás dejé un reguero de sangre por el pasillo.

LOLO. Cierra el pico, ni siquiera te pegaron de pequeña, ni te hicieron comer babosas crudas.

CUQUI. ¡Ninguna vez tuvieron que llevarme de madrugada al hospital!

LOLO. ¡Sí, por suerte no te hicieron muchas cosas!

CUQUI. ¡A mí no me regalaron una bici para comprar mi silencio!

LOLO. ¿Hasta encerrada en tu sucio agujero tenías envidia de las manos, estúpida? ¿Tengo yo la culpa de que estés muerta, de que no corra sangre por tus venas? ¿Tengo yo la culpa de que no hayas vivido nada?

Se quedan mirándose fijamente por unos instantes. Silencio sepulcral. CUQUI *se aparta con decisión.*

CUQUI. Abre la puerta.

LOLO. ¿Para qué?

CUQUI. Ábrela. Vamos a ver qué hay dentro de la caja.

LOLO. ¿Estás segura?

CUQUI. Sí.

LOLO *abre. La caja sigue allí.*

CUQUI. Vamos a meterla en casa.

Meten la caja entre los dos y LOLO *cierra la puerta.*

LOLO. ¿Y ahora?

CUQUI. Ahora vamos a abrirla.

LOLO. Ya sabes lo que le pasó a aquella niña que abrió la caja...

CUQUI. No, no lo sé. Yo no he visto ni he vivido nada, ¿recuerdas?

CUQUI *empieza a romper el envoltorio de la caja, con ansiedad, como si llevara años queriendo hacer algo así.* LOLO *observa con cierta lascivia desde un segundo plano.*

CUQUI. Está muy duro. Ayúdame, Lolo.

LOLO *se acerca y entre los dos consiguen abrir un lateral de la caja. Un alud de cartas se escapa de la caja.*

CUQUI. *(Cogiendo alguna).* ¡Cartas! ¡La caja está llena de cartas!

LOLO. *(Mirando las cartas, rebusca entre ellas).* También hay postales. ¡Mira qué playa tan bonita!

CUQUI. ¿Por qué cartas? *(Angustiada).* ¿Por qué? No sabemos leer. ¡No podemos leer!

LOLO. *(Mirando una postal).* Mira, una montaña. ¿Dónde estará?

CUQUI. *(Dando una patada a las cartas).* ¡No sé, Lalo, no sé! ¡No sé nada!

LOLO. *(Mirando el interior de la caja).* Ahí dentro hay algo. *(*CU-QUI *levanta la cabeza;* LOLO *se mete en la caja y* CUQUI *observa llena de atención.* LOLO *sale con dos linternas).* Mmm... *(Mira las linternas una y otra vez).* ¿Un lápiz, un arpón? ¿Una migraña? ¿Una advertencia? (Mira a* CUQUI*).* ¿Qué es esto?

CUQUI. Son linternas.

LOLO. ¿Linternas?

CUQUI. Sí. Cuando me encerraban en el baúl de los tinteros me dejaban dentro una linterna con las pilas medio gastadas. La

tortura era así más exquisita, porque a la angustia de estar encerrada se unía la ansiedad de saber que tenía la linterna pero que
debía reservar su uso a los momentos de extrema necesidad
para que las pilas no se gastaran definitivamente.

LOLO. ¿Que no se gastaran?

CUQUI. *(Afectada).* Sí, me agarraba a la linterna y dejaba que
las horas pasaran, y me repetía mentalmente "Puedes esperar un
minuto más, puedes esperar un minuto más", hasta que empezaba a oír las termitas que poco a poco se comían la madera del
baúl y llegaba un momento que el zumbido se hacía tan intenso
que creía que las termitas estaban dentro de mi cabeza, comién-
dome por dentro. Solo entonces me atrevía a encender, chillan-
do como una loca *(Coge una de las linternas y la enciende).* ¿Ves?
(Ilumina la habitación). Solo que ahora el baúl es más grande.

LOLO. *(Asomado a la caja).* Hay otra cosa dentro. *(Vuelve a entrar en la caja y sale llevando una piel de cordero).* ¿Qué es esto,
Caqui?

CUQUI. *(Acercándose a* LOLO*, con curiosidad).* Ni idea, es
como una manta. *(Toca la piel).* Está suave.

LOLO. *(Oliendo la piel).* Huele raro. Me... me recuerda a algo.

CUQUI. *(La huele).* Huele a detergente y a lejía.

LOLO. ¿Qué significa todo esto?

CUQUI. No lo sé, Lalo. Todo es igual de extraño para mí. No sé
qué significan todas estas cartas, ni las linternas, ni esta manta suave.

LOLO. ¿Para qué nos las habrán enviado?

CUQUI. Para que suframos un poco más. Nos están dando
pistas. Nos están dando la respuesta. Solo que no sabemos in-
terpretarlas.

LOLO. No, no lo hacen para hacernos sufrir. ¡Si nos han enviado una manta muy bonita!

CUQUI. Es peor cuando se portan bien contigo. La decepción
final duele más. *(Coge una carta y la mira fijamente).* Trazos de
tinta sobre un papel que intentan transmitir una información...
¿A quién se le ocurriría semejante perversión?

LOLO. *(Con intención).* ¿No querías saber, eh? ¿No querías abrir la caja?

CUQUI. Sí, quería. No me arrepiento de haberlo hecho.

Se escucha un aullido lejos. CUQUI *y* LOLO *se miran.* LOLO *va a decir algo, pero* CUQUI *se lleva un dedo a los labios pidiendo silencio.*

LOLO. No sé si hemos hecho bien abriendo la caja. A lo mejor no era para nosotros.

CUQUI. ¿Para quién iba a ser, Lalo? ¿Para quién? ¿Para la Mecedora? *(Miran hacia la mecedora).*

LOLO. A lo mejor.

CUQUI. Podemos preguntarle.

LOLO. No, Caqui. Está dormida.

CUQUI. Pues la despertamos.

LOLO. No, Caqui. Está mejor así, tapada.

CUQUI. Pero Lalo, así no vamos a saber nunca qué es esto. Seguro que ella lo sabe.

LOLO. Caqui, es que este olor me trae malos recuerdos.

CUQUI. No seas tonto, Lalo. Los olores no significan nada.

LOLO. Sí significan, Caqui. Por desgracia, sí significan. (CUQUI *se dirige a la mecedora).* Te vas a arrepentir.

CUQUI. Lalo, ¿no querías que lo abriera todo, que se acabaran las cajas cerradas? Pues entonces, habrá que destapar a la Mecedora.

LOLO. ¡¡Noo!! *(Se tira al suelo y se cubre la cabeza con las manos).*

CUQUI *retira la sábana que cubre la mecedora. El cadáver de la* NIÑERA, *descompuesto, con la ropa ajada y deshilachada, estaba debajo. Por su boca escapan gusanos, y un líquido verdoso cubre lo que queda de su piel. Mientras,* LOLO *sigue gritando.* CUQUI *se retira poco a poco, sin dejar de mirar, hasta que tropieza con la caja y queda detenida.*

CUQUI. Ya he escuchado tu grito antes, hace mucho tiempo.

Cae de rodillas al suelo, sin poder retirar la vista de la mecedora.

TELÓN

ACTO TERCERO

Esparcidas por el suelo, miles de cartas. Algunas están abiertas, otras permanecen perfectamente selladas dentro de sus sobres. También hay postales, fotografías, muchas de ellas destrozadas. En un rincón, la mecedora, desvencijada, y sobre ella la piel de cordero, que la cubre en su totalidad. La caja, medio olvidada, está al fondo del escenario. Un silencio absoluto en la escena. La luz es escasa. Una penumbra enfermiza y espesa ocupa la escena.

Se empieza a escuchar una voz canturreando. La melodía es lenta, monótona y triste. Poco a poco, el tono va subiendo. Un foco de luz sale de la caja. Sale LOLO *de la caja. Es él quien canturrea. Lleva una de las linternas en la mano. Se escucha a alguien chistar y* LOLO *se calla. Otro foco sale del interior de la caja.*

CUQUI. *(Dentro de la caja).* No cantes, por favor. Es muy triste. *(Sale del interior de la caja. Lleva otra linterna).*
LOLO. Si al menos me supiera la letra...
CUQUI. No, mejor así, mejor así. La letra debe ser más triste aún.

Se miran un rato. Luego miran alrededor, iluminando con las linternas las cartas, los sobres, el desorden.

LOLO. Habría que ordenar esto un poco.
CUQUI. Habría que hacer tantas cosas...
LOLO. Pero Caca, con este lío es muy difícil encontrar nada. *(*CUQUI *se ríe).* ¿De qué te ríes?
CUQUI. De ti. ¿Encontrar algo, aquí? ¿Qué quieres encontrar?
LOLO. A lo mejor hay algo, no hemos abierto todas las cartas, ¿recuerdas? Puede ser que quede algo. Si ordenamos y separamos las cartas abiertas de las cartas que no están abiertas...
CUQUI. No queda nada, Lala. La caja está vacía, no ha quedado nada dentro.

LOLO. La esperanza es lo último que se pierde.

CUQUI. *(Con ira)*. ¿La qué?

LOLO. *(Asustado, con precaución)*. Esa cosa que uno aprieta muy fuerte muy fuerte esperando que las cosas se solucionen y que todo salga bien.

CUQUI. *(Tras una pausa)*. Pues tú sigue apretando, a ver si en una de esas la ahogas.

LOLO. ¿A quién?

CUQUI. A tu amiga, la que se quedó dentro de la caja... *(LOLO la mira con pena)*.

LOLO. Te has vuelto una cínica, Caca.

CUQUI. Y tú te has vuelto un crédulo.

LOLO. Hay que seguir buscando, Caca. ¡Queda una oportunidad! Hay muchas cartas por abrir.

CUQUI. Oportunidad... ¿de qué, Lala? Hemos abierto miles de cartas. ¡Millones! Hemos encontrado fotos de gente que no conocemos, y palabras, infinidad de palabras. Un alud de palabras que no podemos leer. No podemos comprender nada, Lala. Estamos condenados a mirar esas cartas una y otra vez sin saber qué significan, sin saber si van dirigidas a nosotros o no. Sin saber si son de papá y mamá.

LOLO. ¡Por eso hay que seguir buscando! A lo mejor en alguna encontramos una pista, un dibujo, ¡una foto de papaymamá!

CUQUI. Papá y mamá, Lala. Papá. Y. Mamá. *(Muy seria)*. Lala.

LOLO. ¿Qué?

CUQUI. Cierra los ojos.

LOLO. ¿Ahora?

CUQUI. Sí. Cierra los ojos y apaga la linterna. *(LOLO lo hace)*. Bien, Lala. ¿Qué ves?

LOLO. Nada. *(Abre los ojos y enciende la linterna)*. ¿Cómo quieres que vea si...?

CUQUI. ¡Chst! ¡Calla, cierra los ojos y apaga tu linterna! *(LOLO obedece)*. A ver, dime, ¿Qué ves?

LOLO. Nada.

CUQUI. Muy bien. Ahora quiero que pienses en mí. Que te concentres y pienses en mi... en mi cara *(La ilumina con una linterna)*. En mis... en mis... ¿cómo se decía?... ¡Ojos! Eso es. En mis ojos. Y en... y en... *(Ilumina su boca con la linterna)*. ...Y en mi agujero. ¿Lo estás haciendo, Lala? ¿Estás pensando en mí?

LOLO. Sí.

CUQUI. ¿Me ves?

LOLO. Sí, te veo. Estás de pie. *(CUQUI se rasca la nariz)*. Te rascas. *(CUQUI se pasa la mano por el pelo)*. Te pasas la mano por el pelo. *(CUQUI abre y cierra la boca un par de veces)*. Abres y cierras tu agujero.

CUQUI. Muy bien. Sigue así concentrado. Ahora piensa en papá y mamá, ¿de acuerdo? Piensa con detenimiento, con mucha concentración. ¿Ya?

LOLO. Sí.

CUQUI. ¿Qué ves?

LOLO. Veo dos sombras grises. Pasan deprisa. Cuando intento mirarlas, se apartan. ¡Esperad, no corráis! Están de espalda, no les veo la... la... ¿cómo es? La cara. ¡Eso! No les veo la cara. ¡Corren más que yo! ¡No consigo alcanzarlas! Las pierdo de vista. *(Pausa)*. Ya no están, se han ido. *(Abre los ojos y enciende la linterna)*. Estoy solo.

CUQUI. ¿Has visto la cara de papá y mamá?

LOLO. No.

CUQUI. Inténtalo otra vez. Cierra las... cierra las persianas y apaga la luz. *(LOLO cierra los ojos y apaga la linterna)*. Relájate, deja la mente en blanco. No pienses en otra cosa que no sea papá y mamá. Concéntrate. Retrocede en el tiempo, retrocede, retrocede... ¿Los ves?

LOLO. *(Angustiado)*. No.

CUQUI. ¿Qué ves?

LOLO. Nada. *(Cada vez más angustiado)*. No veo nada, no hay nada. Está lloviendo, todo es gris. *(Pausa)*. Se han ido. *(Abre los ojos y enciende la linterna)*. Estamos solos.

CUQUI. *(Muy triste)*. Tú tampoco te acuerdas de sus... de sus... de sus caras.

LOLO. No.

CUQUI. *(Señala las cartas y las fotografías, con cinismo)*. Entonces, ¿cómo sabes que los de las fotos no son ellos?

LOLO *se tira al suelo y coge una fotografía. La mira muy concentrado. Su cara refleja una profunda tensión interior. Coge otra fotografía y las compara. Coge una tercera y hace lo mismo. Acaba tirándolas al suelo.*

LOLO. No lo sé. ¡No lo sé! *(Coge más fotografías)*. ¡Ni siquiera puedo decir si son las mismas caras o no! ¡No consigo retenerlas, no consigo compararlas! *(Mira dos fotografías al mismo tiempo y las tira al suelo)*. ¡La única cara que puedo ver es la tuya! *(Se tira al suelo y llora)*.

CUQUI. Me di cuenta de eso hace una semana, Lala. Pero no había querido decírtelo.

LOLO. *(Levantándose del suelo, se seca las lágrimas)*. Y tú... ¿te acuerdas de tu cara?

CUQUI. *(Dando un paso atrás)*. No.

LOLO. ¡También te has olvidado de tu propia cara!

CUQUI. *(Acariciándose la cara levemente)*. Hace tanto tiempo que no me la veo...

LOLO. *(Desesperado)*. ¡Yo tampoco me acuerdo de mi cara! *(Cierra los ojos y los aprieta con fuerza)*. Solo veo una mancha negra con pelo. ¡No puedo acordarme! *(Se agarra a* CUQUI). ¡Dime cómo es mi cara! ¡Dímelo! ¡Dímelo! Es muy importante. Si no me acuerdo de mi cara, voy a pensar que a lo mejor no tengo, y que solo hay dos agujeros en el centro de mi cabeza, dos pozos negros que me sirven para ver el exterior. ¡Dime cómo es mi cara!

CUQUI. No sé... Es tu cara.

LOLO. ¡Descríbela!

CUQUI. No sé cómo describirla... Es tu cara, es la única cara. No sé en qué puede diferenciarse de la mía.

LOLO. Por favor, por favor, por favor...

CUQUI. Hay esas dos cosas redondas, así un poco alargadas hacia los lados, con unos pelos alrededor, en el borde, que se abren y se cierran y en el centro hay un círculo azul y en medio de círculo hay otro círculo negro, y que es por donde me miras. ¿Cómo se llaman?

LOLO. Persianas.

CUQUI. ¡Exacto! Tienes dos persianas.

LOLO. *(Sorprendido).* ¡Tú también!

CUQUI. Y hay debajo de las persianas una cosa que es alargada un poco, para abajo, con dos agujeros al final, con un poco de mocos, ya sabes, una trompa.

LOLO. ¡En tu cara también!

CUQUI. Y después está tu agujero, lleno de agua con unas piedras blancas dentro que están puestas en fila y algo blando y gordo que se mueve cuando hablas.

LOLO. ¡Las uñas y la babosa! *(Emocionado).* ¡Idénticos, somos idénticos! Claro, eso es porque somos hermanos.

CUQUI. ¿Estás seguro de que somos hermanos?

LOLO. Creo que sí, que éramos hermanos, ¿no?

CUQUI. Es que no somos tan iguales. Yo no tengo lo que tú tienes delante para hacer pipí.

LOLO. Es verdad, tú tienes la otra cosa, esa tan rara... Entonces a lo mejor no somos hermanos.

CUQUI. Somos adoptados entonces.

LOLO. ¿Adoptados? ¿Eso qué quiere decir?

CUQUI. Quiere decir que papá y mamá nos compraron en un país pobre por muy poco dinero, en lugar de comprarnos aquí, donde los niños son más caros.

LOLO. Yo no recuerdo que me compraran, Caca.

CUQUI. Tú no recuerdas nada, de hecho.

LOLO. Es verdad. Pero... Cuando los niños son adoptados, ¿los dejan sus padres?

CUQUI. Claro, los dejan con más facilidad porque si se estropean o se pierden o encogen pueden comprar otros igual de baratos.

LOLO. Ah... Entonces es por eso por lo que papá y mamá se fueron, ¿no?

CUQUI. No, mamá se marchó porque ella nunca fue un pelícano.

LOLO. No, más bien era una gansa.

CUQUI. No. Mamá era un colibrí.

LOLO. ¿Qué es un colibrí?

CUQUI. *(Ilumina con su linterna el dibujo burdo de un colibrí en una de las paredes)*. Un animal inútil, que solo sabe zumbar como un abejorro y dar vueltas alrededor de las flores. Es muy decorativo, pero no sirve para nada.

LOLO. ¿Y para qué zumba?

CUQUI. Creo que para repetirnos una y otra vez que es feliz, no como nosotros, y para recordarnos a todos que tenemos que morir.

LOLO. Qué bonito, ¿no?

CUQUI. *(Cínica)*. Sí, ¡precioso! A mí me encanta que me recuerden cosas así.

LOLO. *(Sonriendo)*. Como cuando te recuerdo que tienes leucemia.

CUQUI. *(Herida)*. O cuando te recuerdo que te falta un pulmón.

LOLO. ¡Sí! *(Sonríe)*. O cuando te recuerdo que nunca nadie te ha querido.

CUQUI. *(Con intención)*. O cuando te recuerdo lo que te hicieron esas manos en el sótano...

LOLO. ¡No, Caca! ¡Eso no!

LOLO *lloriquea y* CUQUI *se apiada de él.* CUQUI *pasea la luz de la linterna por el techo de la habitación.*

LOLO. Oye, Caca... ¿Y cómo era papá? Si mamá era como un colibrí, ¿papá cómo era?

CUQUI. Papá era como un cocodrilo. *(Con la linterna, muestra la pintada en la pared de un cocodrilo).* Con la boca siempre cerrada hasta que saltaba para morder. Se escondía en su ciénaga y solo salía para atacar y esconderse de nuevo. *(Se coloca la linterna bajo la barbilla).* Yo me parezco mucho a él.

LOLO. ¿Olía a ajo?

CUQUI. Olía a ajo, a perejil, a cebolla cruda, a romero y a espliego con grasa de cerdo frita, a cordero aliñado, a riñones al jerez, a sesos con azafrán, a ostras y limón, a carabineros, a langosta rellena, a cognac, a whisky, a puro, a todo lo que entrara por el agujero.

LOLO. Sí, le gustaba comer, ahora me acuerdo.

CUQUI. *(Mostrando nuevos dibujos en la pared).* Comía como un cerdo, como una hiena hambrienta, como un oso preparándose para el invierno.

LOLO. *(En trance).* Sus manos llenas de aceite... Sus manos...

CUQUI. Y su barbilla goteando vino.

LOLO. Y su risa de loco, esa carcajada escandalosa mientras hundía las manos en los platos de comida...

CUQUI. *(Iluminada).* Y en sus rodillas...

LOLO. *(En el mismo tono).* En sus rodillas...

CUQUI. Siempre había...

LOLO. Siempre había sentada...

CUQUI. Sentada...

LOLO. Una niña...

CUQUI. Una niña que no era yo. *(Se miran de repente).* ¿Quién era esa niña? Delgada, pelirroja, con unas persianas pequeñas y los bordes del agujero finos.

LOLO. ¿Sería mamá?

CUQUI. Era una niña, Lala. Mamá era pequeña y delgada, pero no era una niña.

LOLO. Llevaba una trenza y un lazo enorme en la punta.

CUQUI. ¡Es verdad! Puedo ver su cara. Lala. ¡Puedo verla! Tenía el pelo verde, verde... Y olía muy mal, como a lejía.

LOLO. Nunca sonreía, siempre estaba seria, muy seria.

CUQUI. El cocodrilo siempre la tenía encima.

LOLO. Allá donde fuera siempre la llevaba a cuestas, en una cesta.

CUQUI. Era su presa.

LOLO. Su mascota. La acariciaba con las manos llenas de grasa...

CUQUI. Su rémora. Se alimentaba con los despojos que caían de su boca.

LOLO. ¿Y qué hacía el colibrí?

CUQUI. El colibrí cantaba y bailaba. Y zumbaba.

LOLO. ¿Por qué estaba tan seria la niña? ¿Le habrían hecho algo?

CUQUI. Esa expresión de eterna tristeza... Nunca sonreía. Y estaba tan pálida.

LOLO. Estaba enferma. *(Pausa)*. Muy enferma.

Se miran los dos.

CUQUI. ¿Era ciega?

LOLO. No.

CUQUI. ¿Era muda?

LOLO. No.

CUQUI. ¿Era sorda?

LOLO. No.

CUQUI. ¿Tenía tuberculosis?

LOLO. No.

CUQUI. ¿Tenía un soplo en el corazón?

LOLO. No.

CUQUI. Entonces, ¿qué?

LOLO. *(Tras un silencio)*. Estaba muy enferma. No podía nadar bien. *(Pausa)*. Tuvieron que cortarle una pierna. Por eso la llevaban en brazos a todas partes. Era coja.

CUQUI. Era coja. *(Pausa)*. Entonces... *(Aterrada, se aleja hacia un extremo de la habitación con su linterna. Rebusca entre los mon-*

tones de cartas). Entonces... (Sigue buscando hasta sacar dos muletas de madera). Entonces esto era suyo.

LOLO *también apunta con su linterna a las muletas.*

LOLO. ¡Micaela! ¡Se llamaba Micaela! ¡Y era nuestra hermana!

CUQUI *deja caer las muletas al suelo.*

CUQUI. ¿Y... y qué le pasó?
LOLO. Creo que fue el lobo quien le arrancó la pierna.
CUQUI. ¿El lobo? ¿Quién es ese?
LOLO. No sé muy bien. Pero antes, cada vez que oías la palabra "lobo", te hacías pipí encima y manchabas las alfombras.

CUQUI *deja caer su linterna y corre a abrazarse a* LOLO.

CUQUI. Sí, hay algo en mi cabeza que me dice que es algo malo. No sé qué es, pero es peligroso.
LOLO. *(Asustado).* El lobo, que vendrá para... (CUQUI *le pone la mano sobre los labios para que calle).*
CUQUI. No, Lala. No. No lo digas, no lo digas. Suena mal esa palabra, me duele. ¡Me duele aquí! *(Se lleva las manos a la cabeza).* No hacen falta las palabras. *(Llora y* LOLO *le acaricia el pelo).*
LOLO. No te preocupes, no lo volveré a decir. ¿Para qué repetir lo que no se debe decir?
CUQUI. *(Se suelta del abrazo, angustiada).* ¡Lala! ¡Hay que salir que aquí! ¡Hay que buscar a Micaela! A lo mejor está en su habitación, ¡tenemos que encontrarla! Tenemos que salir de aquí, los tres. ¡Hay que escapar!
LOLO. ¿A dónde, Caca?
CUQUI. No lo sé, Lala. Pero no podemos quedarnos aquí a la espera de... A la espera de...

LOLO. De eso.

CUQUI. ¡Pobre Micaela, sola y sin sus muletas! ¡Habrá llorado tanto! ¿Cómo hemos podido olvidarnos de ella? ¿Cómo hemos podido olvidarnos de nuestra hermana?

LOLO. ¿Cómo han podido papá y mamá olvidarse de nosotros?

Silencio entre los dos.

CUQUI. Lala, no podemos quedarnos por más tiempo. Más pronto o más tarde volverá y nos comerá. Acabaremos dentro de su estómago, haciéndole compañía a la pierna de Micaela y quién sabe a qué más.

LOLO. ¿Y a dónde podemos ir?

CUQUI. A buscar a papá y a mamá, ¡a seguirlos hasta el fin del mundo! Pobre Micaela... ¡Pobre, pobre Micaela! Con el miedo que le tiene a estar sola. *(Se vuelve hacia* LOLO*)*. Voy a ir a su habitación.

LOLO. ¿Vas a cruzar al otro lado?

CUQUI. Sí.

LOLO. ¿Vas a abrir el ataúd?

CUQUI. *(Mira la puerta que* LOLO *señala con la linterna)*. Sí.

LOLO. ¿Estás segura de que Micaela está allí?

CUQUI. No. Pero lo descubriré cruzando.

LOLO *ilumina la otra esquina de la habitación y duda unos momentos; finalmente ilumina de nuevo la puerta.*

LOLO. Voy contigo.

Se dirigen a la puerta. CUQUI *agarra el picaporte pero la puerta no se abre.*

CUQUI. Está cerrado.

Se escucha un ruido en la habitación.

LOLO. ¿Qué ha sido eso? *(Vuelve la luz de la linterna hacia la habitación. La mecedora se está moviendo).*

CUQUI. No puede ser. ¡La Mecedora se está moviendo!

LOLO. La Mecedora está muerta, Caca. ¡Los muertos no se mecen!

CUQUI. Abre el ataúd, Lala. ¡Ábrelo! ¡Tengo miedo! *(LOLO intenta en vano abrir).* ¡Ábrelo, rómpelo, haz algo! ¡Tenemos que salir! ¡Tenemos que salir!

LOLO. Tranquila, Caca. ¡Tranquila!

CUQUI. No puedo, Caca. La Mecedora se está meciendo, ¿no lo ves? ¡Se está meciendo!

LOLO da varios golpes con la linterna en el picaporte, cada vez más fuertes, hasta que el picaporte se rompe y la linterna con él.

CUQUI. ¡Has roto la linterna!

LOLO. Pero el ataúd se ha abierto. ¡Podemos salir! *(Abre la puerta y solo se encuentran con un muro de ladrillo que cierra cualquier salida).*

CUQUI. ¿Qué? ¿Qué es esto? *(Golpea el muro).* ¡Queremos salir, queremos salir, queremos salir! ¡Micaela! ¡Micaela!, ¿dónde estás? *(Su linterna cae al suelo. LOLO retrocede unos pasos, alucinado. Coge la linterna de CUQUI, que rueda por el suelo. Ilumina la mecedora, que poco a poco se va deteniendo).* ¡Micaela! ¡Micaela! *(Llora).* ¡Ay, Lala, ya nunca sabremos si estaba arriba!

LOLO. No es bueno abrir los ataúdes cuando están cerrados. Ya sabes que son muy traicioneros.

CUQUI. *(Se derrumba y esconde la cabeza entre las piernas).* ¡Ay, Micaela! ¿Se habrá muerto de hambre, sola en su habitación? No puede bajarse de la cama si no la ayuda alguien, Lala. ¡Nunca la quisieron! ¡Nadie la tiraba por las escaleras ni la encerraban en baúles!

LOLO ilumina algo que hay en el suelo, entre la puerta y el muro de ladrillo. Se agacha a cogerlo.

CUQUI. Aunque tal vez... *(CUQUI se levanta poco a poco del suelo).* Tal vez Micaela esté con papá y mamá. ¿Te imaginas? A lo mejor la llevaron a algún país lejano, a Sri Lanka o Portugal, donde podían operarla y curarla y traerla de vuelta completamente sana. ¿Te imaginas, Lala? Y si tardan tanto, es porque la operación es muy complicada y hay que esperar mucho. ¿Te imaginas? ¿Eh, te imaginas?

LOLO. No. *(Ilumina el lazo de Micaela, que ha cogido del suelo).* Micaela no se fue con papá y mamá.

CUQUI. ¿Qué es eso?

LOLO. El lazo de Micaela.

Se escucha un ruido, e instintivamente, CUQUI *y* LOLO *se pegan al muro.* LOLO *ilumina la otra parte de la habitación. Detiene el foco de luz sobre la mecedora.*

CUQUI. Hay algo en la Mecedora.

LOLO. Es solo la manta esa que venía dentro de la caja.

CUQUI. No, debajo. Hay algo debajo, ¿no te das cuenta? Se está moviendo. Respira. ¡A lo mejor es Micaela!

LOLO. *(Deteniéndola).* ¡No! No es Micaela.

CUQUI. ¿Cómo lo sabes?

LOLO. *(Se lleva un dedo a los labios para que guarde silencio).* Mira. *(Ilumina con el foco el borde de la piel de cordero, y se ven dos patas asomando por debajo).* Micaela no tiene patas.

CUQUI. Es verdad.

LOLO. Y mira. *(Ilumina con la linterna).* Tampoco tiene hocico.

CUQUI. Es verdad.

LOLO. Ni dientes afilados como jeringuillas de arsénico. *(Ilumina con la linterna).* ¿Recuerdas? Micaela nació sin dientes, solo comía papillas.

CUQUI. *(En voz baja).* Entonces, ¿quién es, Lala? ¿Quién está debajo de la manta? *(Se miran fijamente).*

LOLO. *(Asustado).* ¿Acaso no lo sabes?

CUQUI. ¿Es... él?

LOLO. Sí.

CUQUI. El... el... ¿Cómo se llama?

LOLO. El animal.

CUQUI. No recuerdo su nombre.

LOLO. "Lobo".

CUQUI. *(Se estremece)*. ¿El lobo está aquí dentro?

LOLO. Sí.

CUQUI. ¿Y por qué no nos ataca?

LOLO. A lo mejor está durmiendo. O a lo mejor no le apetece ahora.

CUQUI. *(Muy nerviosa)*. Tenemos que salir, Lala. Tenemos que salir de una vez, ahora mismo. Al exterior. A la calle. Fuera. Fuera. ¡Hay que salir!

LOLO. No nos va a dejar, Caca.

CUQUI. Hay que intentarlo. Abramos la puerta de la calle y salgamos corriendo.

LOLO. Nos va a perseguir.

CUQUI. Seremos más rápidos que él, nos subiremos a un árbol, le escupiremos y le clavaremos pinchos en las persianas. ¡La esperanza es lo último que se pierde!, ¿recuerdas?

LOLO. Solo lo dices porque estás angustiada, no porque en realidad lo creas. Has olido la muerte y no te gusta el olor. *(Con ira)*. ¿No era esto lo que querías? ¿No querías un poco de realidad?

CUQUI. Ya no la quiero, Lala, ya no me apetece. Creo de verdad que tenemos una oportunidad. ¡Ahora me doy cuenta! No quiero morir, todavía no. No me había dado cuenta hasta ahora de que llevabas razón. ¡Hasta ahora!

LOLO. Ya es tarde, Caca. Vas a descubrir lo que hacen las manos, su forma de tocar y de arañar. No vas a tener que envidiar el sufrimiento de los demás porque vas a tener el tuyo propio.

CUQUI. ¡No, Lala! Siempre hay una oportunidad. *(Se aparta de* LOLO *y despacio, con mucho cuidado, se dirige a la otra puerta. Cuando pasa por delante de la mecedora, esta se estremece, y* CU-

QUI *amaga un grito. Sin acelerar, rebasa la mecedora y llega a la puerta que está al otro lado).* Siempre hay otra oportunidad. *(Abre la puerta y aparece otro muro de ladrillos).*

LOLO. Ya no, Caca. Ya no.

CUQUI. *(Acercándose al muro).* No puede ser... Este muro no estaba antes, hemos cruzado este ataúd miles de veces... ¿O no?

LOLO. Estamos encerrados en esta habitación como ratas.

CUQUI. ¿No hemos cruzado alguna vez a la otra parte? ¿No había un pasillo y un sótano y un lavadero?

LOLO. Y como ratas vamos a acabar aniquilados, destrozados en millones de partículas microscópicas de carne.

CUQUI. *(Golpea el muro).* Debe haber alguna forma, alguna manera... Hubo un tiempo... Hubo un tiempo en que todos vivíamos felices en esta casa.

La mecedora vuelve a agitarse y se escucha un gemido animal.

LOLO. ¿A quién te refieres cuando dices "todos"?

CUQUI. Tú, yo... y... y los demás.

LOLO. No hay salida, Lala. *(Señala la puerta junto a la que está).* No hay escalera, no hay planta de arriba, no hay dormitorios. Tampoco hay calle. No hay nada. Ni siquiera hay bambalinas ni un pasillo que lleve a los camerinos. Ni eso nos han dejado. Solo tenemos un muro de ladrillos.

CUQUI. Eso significa que no vamos a poder salir, que vamos a quedarnos aquí el resto de nuestras vidas...

LOLO. No te preocupes demasiado por eso, Caca.

CUQUI. ¿Por qué?

LOLO. *(Señala la mecedora).* Ya no vamos a vivir mucho. (CUQUI *se deja caer al suelo).* Y aunque él no estuviera, también estaríamos cerca de la muerte... ¿No lo percibes? Está en nosotros. Mira. *(Escupe varios dientes en la mano).* Se me están cayendo las uñas del agujero... Y el pelo. *(Coge un mechón de pelo de su cabeza y se queda entre sus dedos).* Estamos débiles, hace mucho que no comemos. Y el cuerpo empieza a flaquear. Mira. *(Se dirige despacio a* CUQUI. *Vuelve a gruñir la mecedora cuando pasa por su lado. Cuando llega junto a* CUQUI, *le coge un mechón, que también queda en sus manos).* ¿Lo ves? Tú también estás cerca. El lobo lo ha olido, ha seguido el rastro. Por eso está aquí. Sabe que ya no tenemos fuerzas para pensar.

CUQUI. Pero yo no quiero morir todavía, Lala. ¡Yo quiero que los demás vuelvan, y que seamos felices siempre!

LOLO. ¿Felices? ¿Alguna vez hemos sido felices? Cuando a ti te encerraban en el baúl y te dejaban allí días sin comer y sin apenas respirar, ¿eras feliz? Y cuando él me llevaba al sótano, con las manos llenas de grasa, de comida, de barro... ¿éramos felices?

CUQUI. No sé, Lala. ¡Pero era mejor que esto!

LOLO. ¿Estás segura? *(Pausa).* Aquel tiempo pasó y ellos no van a volver. Se marcharon y nos dejaron aquí encerrados. Seguro que fueron ellos quienes tapiaron los ataúdes. ¿Y sabes por qué nos dejaron, Caca? ¿Sabes por qué se fueron?

CUQUI. *(Llorosa).* No, no sé. ¡No sé nada! Había una canción...

LOLO. Porque nunca fuimos lo que ellos quisieron. Querían que tú fueses doctora y dejaras de jugar con tus asquerosas muñecas y de cantar canciones, y que yo fuera más inteligente y sirviera para el estudio, en lugar de para acarrear piedras y llevarme al lavadero. Jamás se sintieron orgullosos de nosotros, Caca. Se avergonzaban de nuestras... de nuestras... *(Se lleva las manos a la cara)*... De nuestras malaquitas, hacían como que no nos conocían cuando nos recogían del colegio, y nos obligaban a andar detrás. Tuvieron la perspicacia de darse cuenta pronto de nuestras deficiencias, muy rápido se percataron de que no llegaríamos a nada en la vida, y por eso nos dejaron aquí, en esta casa, encerrados en esta habitación para que nos pudriéramos, mientras ellos iban a otro país tercermundista a comprar otra colibricita y otro cocodrilito que se ajustaran sumisos a sus planes. Por supuesto que ya han regresado. Seguro que hace años que viven en el mismo vecindario. Si no han pasado por aquí es porque ya se han olvidado de que esta casa alguna vez fue suya. Como también se han olvidado de nuestras malaquitas.

CUQUI. ¡No es verdad, Lala! Ya verás cómo tienen una explicación. Solo tenemos que encontrarlos, no es tan difícil. *(Mira las cortinas).* ¿Y por las ventanas, Lala? ¿Por qué no salimos por las ventanas?

LOLO. ¿Crees de verdad que habrán dejado las ventanas sin tapiar?

CUQUI. No podemos dejarnos vencer de esta manera.

LOLO. ¿Y qué podemos esperar ya? Si ni siquiera ellos nos han querido, ¿crees que podemos esperar algo más?

CUQUI. Yo no quiero morir. ¡Aquí no! No quiero que me encuentren en esta habitación devastada, con estas cartas absurdas alrededor, con estos harapos, oliendo a sudor y a excrementos. Si me muero aquí, seré un cadáver aún más miserable, le daré más repulsión a la gente. ¡No quiero que me vean muerta y desnuda, destrozada, con las entrañas al aire! No quiero que vean que tengo la ropa interior sucia y vieja.

LOLO. Qué más dará, si nadie nos conoce.

CUQUI. No quiero que nadie vea mi cadáver. ¡No quiero que nadie lo toque! Al menos, un poco de dignidad en el momento de desaparecer. Que la gente no me recuerde como la muerta que apareció deshecha como un trapo en una casa asolada por la desidia, maloliente como una pocilga. ¡Quiero morir dignamente! ¡Quiero morir fuera de aquí! *(Se dirige a la ventana. La mecedora gruñe pero* CUQUI *no se detiene. Descorre las cortinas. Un muro de ladrillos clausura las ventanas).*

LOLO. Nos han escondido, Caca. Han cerrado todos los recovecos para que nadie nos vea, a la espera de que todos se olviden de nosotros, y están a punto de conseguirlo. *(Pausa).* Es nuestro castigo por ser lo que somos.

CUQUI, *desconsolada, acaricia el muro intentando hallar alguna hendidura en él. De repente, ve algo que pende en un extremo del*

muro. Es una trenza cuyo extremo se encuentra dentro del cemento.
CUQUI*, aterrada, coge la trenza y la levanta.*

CUQUI. No puede ser...
LOLO. Esa trenza me suena, Caca. *(Acongojado).* No sé por qué, me da ganas de llorar.
CUQUI. *(Acaricia la trenza).* Es un mal augurio, Lala. ¡Muy malo! ¡Tenemos que sacar la trenza de ahí!
LOLO. *(Llorando).* Está muerta, Caca. La trenza está muerta.
CUQUI. Pero... ¿por qué? ¿Qué daño le hizo a nadie?
LOLO. No se podía defender, la cogieron, la llenaron de cemento y la cubrieron de ladrillos.
CUQUI. ¡Lala! ¡Qué pena tengo! *(Acaricia la trenza).* ¡No sé por qué esta trenza es tan importante, pero lo es!
LOLO. Se ahogó ahí metida, se quedó ronca y con la boca llena de cemento.
CUQUI. Ya nunca más la veremos tirarse desde la cama.
LOLO. Ni nos cantará esas canciones tan tristes que nos hacían llorar.
CUQUI. Ni podremos meterla en el baúl de los tinteros.
LOLO. *(Tras una pausa).* Pero el cocodrilo tampoco podrá acariciarla nunca más.
CUQUI. Ni nadie podrá hacer cosas malas sobre su cadáver. *(Se miran).*
LOLO. Por fin ha encontrado la paz, Caca. La trenza ha encontrado la paz.
CUQUI. La paz que nosotros nunca nos atrevimos a darle cuando nos suplicaba que por favor la tiráramos por las escaleras.

La mecedora comienza a balancearse. CUQUI *y* LOLO *se apartan poco a poco. Van retrocediendo hasta chocar con la caja. Se meten dentro de ella.*

CUQUI. ¡Se está despertando! ¡He visto cómo asomaba el hocico húmedo!

LOLO. Caca, ¿te acuerdas del final del cuento?

CUQUI. ¿Qué cuento?

LOLO. El cuento de ya viene el lobo.

CUQUI. No.

LOLO. Me acabo de acordar de cómo acaba, Caca. Nadie creía a los niños cuando decían que venía el lobo hasta que una vez vino de verdad, ¡y se los comió!

CUQUI. Eso es de otro cuento.

LOLO. ¿Seguro?

CUQUI. Sí, este es un cuento distinto. Ninguno de los dos somos pastores.

LOLO. Hasta de cuento nos hemos equivocado... Entonces, ¿qué pasaba?

CUQUI. Lo que pasaba al final es que llegaban ellos y le abrían el estómago al lobo y salían los niños sanos y salvos.

LOLO. Hoy toca un final triste, Caca.

CUQUI. ¿Por qué?

LOLO. Porque nadie va a venir a salvarnos. Tampoco salvaron a la trenza.

CUQUI. *(Llorosa).* ¿De verdad que no nos van a salvar?

LOLO. De verdad.

CUQUI. ¿Y dolerá?

LOLO. Depende de cómo acabemos. Hay dos opciones.

CUQUI. ¿Cuáles son?

LOLO. La primera es que simplemente se derritan nuestras malaquitas y nos disolvamos en el suelo.

CUQUI. ¿Y la segunda?

LOLO. *(Señala la mecedora, que cada vez se balancea más deprisa).* La segunda... la segunda es él.

CUQUI. Yo no quiero que sea él. Yo quiero la trenza. Yo quiero el baúl. Yo quiero mi agujero y mis persianas y mi malaquita...

LOLO. Mientras funcione la linterna, no atacará. Solo lo hace en la oscuridad.

CUQUI. Pero la luz de la linterna se está apagando.

LOLO. Ya lo sé, somos nosotros. Nos estamos acabando.

CUQUI. ¿Y qué haremos?

LOLO. Nos meteremos en la caja a esperar, a ver quién aguanta más.

CUQUI. ¿No podemos hacer otra cosa?

LOLO. Había algo que la gente hacía, pero ya no me acuerdo de en qué consistía. Tenía algo que ver con un nombre. Con una sortija. Con un pecio hundido. Así que solo nos queda esperar.

CUQUI. Esperar.

LOLO. Esperar...

CUQUI. Esperar a que se apague la luz.

LOLO. O a que me acuerde de tu nombre.

CUQUI. Yo tampoco me acuerdo del tuyo.

LOLO. Ni de tu malaquita. Ya no la veo.

CUQUI. Tengo tanto miedo que se me hielan las ramas.

LOLO. No... no puedo... no puedo hablar...

CUQUI. Ahora sé... Ahora sé... Ahora sé cuándo escuché tu grito.

Se abrazan dentro de la caja, mientras la luz de la linterna va poco a poco disminuyendo de intensidad. Se escucha el crujido de la mecedora y su movimiento es cada vez más acelerado. Los gruñidos animales se repiten hasta que dan paso a un aullido estremecedor, al tiempo que la luz de la linterna se apaga definitivamente.

TELÓN

ÉCHALE FLORES

Juan Manuel Cabañas

Dedicado a la memoria de mi padre, Juan José Cabañas González.

PERSONAJES
(Por orden de aparición)

EL REPRESENTANTE DE LA FUNERARIA
LA MADRE
ESTEBAN, HIJO MAYOR
PEPA, AMIGA DE LA FAMILIA
AVELINO, ESPOSO DE PEPA
JULIÁN
ANTONIO, HERMANO MENOR DE ESTEBAN
ELENA, ESPOSA DE ESTEBAN
GISELA, NIETA
SALVADOR , NIETO
CAMARERAS DE BUFFET
EL PÁRROCO
ASISTENTES A LA CAPILLA

I.

La sala de un tanatorio. 9:00 de la mañana.

Ambiente aséptico con paredes de color crema. En el lateral izquierdo, observamos una cortinilla que deja entrever una vidriera. Al fondo de la escena se encuentran varias sillas rodeando una mesa en cuya superficie encontramos botellas de agua, una pequeña cafetera, leche, paquetes pequeños de galletas y utensilios para desayunar. En el otro extremo del escenario se halla un sofá amplio y confortable sobre el que descansa LA MADRE *que tapa su rostro compungida. Mientras que en el centro, vemos a* ESTEBAN, *hablando con* EL REPRESENTANTE *de los servicios funerarios. Ambos visten elegantemente, pero* EL REPRESENTANTE *lleva además una carpeta donde parece ir rellenando una serie de registros.*

REPRESENTANTE. Entonces, ¿optarán ustedes por la incineración?

ESTEBAN. Si se refiere a la del fallecido, sí.

REPRESENTANTE. En ese caso, permita que le muestre nuestra variedad de urnas funerarias. Tenemos una amplia gama de posibilidades con diferentes colores, diseños, fondos, incluso biodegradables.

ESTEBAN. ¿Biodegradables?

REPRESENTANTE. Sí, de material que acaba descomponiéndose y fundiéndose en la arena.

ESTEBAN. Pero, si al final las cenizas de mi padre van a acabar siendo tragadas por la tierra, ¿no sería mejor enterrarlo directamente?

REPRESENTANTE. A ver, la cosa no es tan sencilla, ustedes tendrían que haber contratado la correspondiente unidad de enterramiento al ayuntamiento de su localidad, que no sé si es el caso, y además, tener una urna biodegradable viene muy bien para que no les multen.

ESTEBAN. ¿Multarnos? Pero, ¿quién nos va a multar? ¿Y por qué?

REPRESENTANTE. Bueno, no sé qué destino concreto desean dar a las cenizas; pero hay personas que las esparcen por el campo, la playa o lugares de romería. Lógicamente, desde el momento en el cual se desprenden de los restos, la urna ya no les sirve, y mucha gente no tiene el civismo ni las ganas de llevarla al punto limpio, así que...

ESTEBAN. ¡Pero qué me dice!

REPRESENTANTE. ¡Como lo oye!

ESTEBAN. ¿No se dan cuenta de que millones de cofres metálicos habitarán la tierra y que cuando dentro de unos siglos no quede nada de nosotros solo será posible encontrar botellas de plástico y urnas funerarias?

REPRESENTANTE. Es así de terrible.

ESTEBAN. Si una civilización extraterrestre llega a la tierra pensará que esos eran nuestros totems.

REPRESENTANTE. Y las pondrán al lado de las estatuas de Rapa Nui...

ESTEBAN. ¡Dios! Creo que voy a vomitar.

REPRESENTANTE. Entonces, entiendo que se llevarán la urna biodegradable.

ESTEBAN. ¿Para qué? Aquí hay retrete, ¿no?

REPRESENTANTE. Es por su innegable compromiso con el futuro del planeta. Al fondo a la izquierda.

ESTEBAN. ¡Ah! No, no, ponga la más barata. Yo sí la llevaré al punto limpio. Discúlpeme, los nervios me han debido revolver el estómago.

ESTEBAN *sale y* EL REPRESENTANTE *claramente contrariado marca una casilla en su registro.* LA MADRE *aparta las manos de su cara y descubre su rostro.*

LA MADRE. No me salen las lágrimas.

REPRESENTANTE. Entiendo, ha debido llorar tanto que ya las ha soltado todas.

LA MADRE. Al contrario, no he derramado ni una sola.

REPRESENTANTE. Cada persona lleva el dolor a su manera.

LA MADRE. ¿Qué pensaría de una persona que no llora en la muerte de su marido?

REPRESENTANTE. Le aseguro que en mis años de experiencia he visto todo tipo de reacciones.

LA MADRE. Es curioso, a menudo, mi marido se cubría su cara para ocultar sus lágrimas, mientras que yo me la tapo para ocultar mi falta de ellas ¿sabe lo duro que ha sido pasar toda la noche en vela?

REPRESENTANTE. Me lo imagino.

LA MADRE. Se equivoca, no tiene ni idea. He tenido que poner el despertador cada media hora porque a los cinco minutos ya estaba roncando. ¡Figúrese qué panorama si no llego a hacerlo! Yo aquí recibiendo a la gente con mi Jesús de cuerpo presente y más fresca que una lechuga. He tenido que desvelarme por mi cuenta, pero por lo menos ahora tengo unas ojeras decentes y un cierto enrojecimiento en los ojos. Pero ha sido una auténtica tortura, también se lo digo.

REPRESENTANTE. Bueno, lo importante es que el sufrimiento ha merecido la pena.

ESTEBAN *vuelve a entrar en el escenario.* LA MADRE *vuelve a taparse la cara.*

ESTEBAN. Disculpe la espera, veo que ha estado usted acompañando a mi madre en su dolor, se lo agradezco mucho.

REPRESENTANTE. Sí, me ha estado contando la terrible noche que han pasado.

ESTEBAN. No se hace usted una idea, pero en fin, sigamos con nuestros trámites que imagino que tenemos mucho trabajo por delante.

REPRESENTANTE. Creo que deberíamos tocar el tema de la corona.

LA MADRE. *(Reaccionando de forma inesperada y violenta).* ¡No, la corona, no!

REPRESENTANTE. *(Desconcertado).* Quizá lo podemos dejar para otro momento.

ESTEBAN. *(Se acerca al empleado de forma condescendiente y le coge del brazo).* ¡Verá, recientemente hemos sabido una terrible realidad acerca de las coronas de flores y ahora nos cuestionamos su uso!

REPRESENTANTE. *(Cada vez más nervioso).* ¿A qué se refiere?

ESTEBAN. Dígame, ¿qué ocurre con las coronas de flores una vez que finaliza el rito funerario?

REPRESENTANTE. A ver, las coronas de flores tienen un uso muy concreto que es acompañar al difunto en la despedida y mostrar el cariño y el recuerdo de la familia y allegados.

ESTEBAN. ¿Y cuando acaba la despedida?

REPRESENTANTE. *(Tragando saliva).* ¿Cuándo acaba la despedida?

ESTEBAN. Sí, ¿qué ocurre cuando acaba la despedida?

REPRESENTANTE. En ese momento las coronas quedan a disposición de la familia, pueden hacer con ellas lo que estimen conveniente.

ESTEBAN. ¡Oh vaya, qué interesante! Discúlpeme un momento. *(ESTEBAN comienza a hablar al oído a su madre, tras unos momentos parecen llegar a un acuerdo).* Bien, hemos llegado a una determinación.

REPRESENTANTE. Estupendo, lo habitual es que los familiares directos compren dos coronas.

ESTEBAN. Cuando encontremos un uso que darle a las coronas después de la ceremonia, decidiremos si las compramos o no.

REPRESENTANTE. *(Estupefacto).* Perdón, ¿Cómo?

ESTEBAN. Pues que hasta que no veamos qué hacer con las coronas después de la ceremonia no vamos a saber si nos compensa su compra. Por eso tenemos que pensarlo.

REPRESENTANTE. Pero, ¿es que van a dejar al difunto sin flores?

ESTEBAN. Por favor, no sea tan alarmista. Será solamente si no se nos ocurre nada.

REPRESENTANTE. Muy bien, muy bien, podemos cerrar si le parece algunos otros detalles para dejar preparada la ceremonia. ¿De acuerdo?

ESTEBAN. Con el resto de detalles estamos de acuerdo. Contrataremos el resto de servicios adscritos a su paquete funerario básico. Ya he visto el catálogo que me mandó.

REPRESENTANTE. Es un alivio saberlo.

ESTEBAN. Solamente hay un detalle insalvable, impepinable, ineludible...

REPRESENTANTE. Dígame.

ESTEBAN. Antes del reponso, debo dar un discurso final dedicado a mi padre.

REPRESENTANTE. ¿Un panegírico?

ESTEBAN. *(Levantando la mano).* ¡Pero cómo se atreve!

REPRESENTANTE. *(Calmándolo).* Un panegírico es un elogio fúnebre, señor.

ESTEBAN. ¡Ah! Disculpe, no estoy muy formalizado con los tecnicismos, como no soy del gremio.

REPRESENTANTE. Eso deben solicitarlo al párroco justo antes de la ceremonia religiosa, pero no debería haber problema alguno.

ESTEBAN. Perfecto, pues en ese caso, todo está listo. No olvide pasarme la factura por correo electrónico.

REPRESENTANTE. Para eso, debo saber si finalmente van a contratar las coronas.

ESTEBAN. Pase usted a lo largo de la tarde, ahora mismo no estamos para pensar.

REPRESENTANTE. De acuerdo. Le paso mi tarjeta por si se deciden antes. *(Estrecha la mano de* ESTEBAN*).* Les acompaño en el sentimiento. *(Se acerca a* LA MADRE *y estrecha su mano).* Señora...

ESTEBAN. Encantado, y por cierto, el catering que traiga solo lo básico: café y pastitas. Nada más.

REPRESENTANTE. *(Resoplando disimuladamente).* Como deseen.

ESTEBAN. ¡Que tenga usted un buen día!

REPRESENTANTE. Igualm....ejemmm quiero decir, mis más sentidas condolencias...Adiós.

EL REPRESENTANTE *sale.* ESTEBAN *se acerca a* LA MADRE *que sigue tapándose la cara con las manos.*

ESTEBAN. Estamos solos, ya no es necesario que disimules.

LA MADRE *aparta una de las manos de la mitad de su cara, tapando todavía la otra parte.*

LA MADRE. ¿Lo sabes?

ESTEBAN. Siempre lo supe.

LA MADRE. ¡Mientes!

ESTEBAN. Tú no has derramado una lágrima real en la vida.

LA MADRE. ¿Es que quieres que me derrumbe?

ESTEBAN. No niego que te vendría bien para tu performance, pero tengo algo más importante que hacer, y en esto tú sí puedes ayudarme.

LA MADRE. Elena y los niños llegarán de un momento a otro.

ESTEBAN. ¡Nah! Le he dicho que los lleve al colegio, tenemos tiempo para ensayar. *(Saca un folio del bolsillo de su chaqueta).*

LA MADRE. ¿Tienes apuntado tu discurso en la cuartilla cuadriculada del cuaderno de religión de tu hija?

ESTEBAN. No le pongas pegas tan pronto, es solo un borrador. Era lo único que tenía a mano esta mañana cuando me despedía de ELENA para venir aquí a toda leche. *(Se queda pensativo por un instante).* ¿Cómo sabes que es el de religión?

LA MADRE. Por la parte de atrás hay un dibujo de Jesucristo con Bob Esponja.

ESTEBAN. El eclecticismo es el rasgo de identidad de esta familia. Esta pequeña obra plástica de corte sacro será la base sobre la que se construya mi elogio fúnebre, bueno, panegírico.

LA MADRE. Le van a pedir el cuaderno.

ESTEBAN. ¿Cuando se sepa que usé una de sus páginas como borrador? Probablemente, pero es un poco pronto para pensar en el valor fetichista de la mercancía. ¿No te parece?

LA MADRE. No imbécil, el profesor le va a pedir el cuaderno al final del trimestre y cuando vea que le falta una hoja le va a bajar la nota.

ESTEBAN. ¡Por Dios, Mamá! Estamos hablando de religión. Tienes que ser un auténtico desviado social para suspender esa asignatura. Ella lo entenderá, al fin y al cabo...No se puede hacer una tortilla sin romper unos huevos.

LA MADRE. No hables de huevos, me provocan nauseas.

ESTEBAN. Te aseguro que ahora mismo tengo algo mucho más importante entre manos. Debo darle una unidad a mi discurso, encontrar un hilo conductor. Vamos a ver, pensemos: ¿Quién era de verdad papá?

LA MADRE. Pues un hijo de puta.

ESTEBAN. No, jeje, quiero decir...para la gente...tengo que encontrar el rasgo más característico de papá, ese por el cual era conocido. Y después, potenciarlo para hacerlo brillar hasta la máxima expresión.

LA MADRE. No entiendo por qué le das tantas vueltas a las cosas, haz lo mismo que todo el mundo: échale flores y ya está.

ESTEBAN. Tengo una reputación que mantener. ¿Te imaginas a alguien pidiéndole a Dalí que haga lo mismo que todo el mundo?

LA MADRE. ¿Qué tiene que ver Dalí con tus cursos de mierda?

ESTEBAN. Formación en oratoria y comunicación, mamá. Es largo de explicar, y además, nos estamos desviando del tema. Lo cierto es que creo que sé cómo enfocar el eje. Papá siempre fue capaz de mostrar a todo el mundo su mejor cara.

LA MADRE. Sí, porque la más dura se la dejaba en casa.

ESTEBAN. Exacto, y eso es toda una virtud, quiero decir que es una habilidad envidiable. Si puedes mantener una imagen impoluta sin importar lo que de verdad te define, al final, quien seas de verdad es totalmente irrelevante. Eres lo que la gente elija que seas, y él sabía llegar a ese punto como nadie. Admiro eso, me encantaría tener esa cualidad. De manera que al final, él consiguió establecer una línea de conexión conmigo, es solo que no lo sabía.

LA MADRE *empieza a reír a carcajadas.*

LA MADRE. No has cambiado nada desde pequeño.

ESTEBAN *mira a su madre desconcertado. No tiene claro cómo interpretar lo dicho por su madre. De pronto, podemos escuchar un sonido parecido a una cinta metálica. Tras esto, la cortinilla lateral se descubre dejando al descubierto la vidriera a pesar de que no es posible ver qué hay detrás desde el patio de butacas. Sí es posible hacerlo desde el escenario.* ESTEBAN *y* LA MADRE *se colocan pegados a la vidriera observando su interior como si se hallaran en un auténtico trance hipnótico.*

ESTEBAN. Un gran trabajo, tengo que recomendar esta funeraria.
LA MADRE. Hice bien en guardarle el traje de boda, en los últimos tiempos había adelgazado.
ESTEBAN. Y los zapatos a juego.
LA MADRE. Creo que nunca le he visto tan guapo.
ESTEBAN. Sin duda, ¡Qué buena cara tiene!

LA MADRE *sufre un repentino sobresalto como si de pronto cayera en la cuenta de algo.*

LA MADRE. ¡La cara, la cara!
ESTEBAN. Es la suya, tranquila, parece un poco más hinchada de lo normal, pero es la suya.
LA MADRE, ¡Mírame la cara, dime si la tengo lo suficientemente demacrada!

ESTEBAN. De uno a diez yo diría que... *(ESTEBAN echa su mirada al otro lado del escenario y ve como el rostro de una persona se asoma).* Abrázame.

LA MADRE. Pero ¿Qué dices?

ESTEBAN. Abrázame, mamá, abrázame....

ESTEBAN *agarra a su madre y lleva su cabeza al pecho tapando su rostro.* LA MADRE *lucha por zafarse.*

LA MADRE. Umhhhffssssfffffffssssiuhhhhhhhh.

ESTEBAN. Llora, llora mamá, desahógate, por favor, Pepa y Avelino no os quedéis en la puerta, pasad, pasad, por favor. *(Simula hablar a su madre al oído pero lo hace a gritos).* Sí mamá, corre al baño estás demasiado destrozada.

ESTEBAN *prácticamente empuja a su madre y esta, con el impulso corre tapándose la cara hasta salir del escenario. Justo en ese momento, irrumpen* PEPA y AVELINO *a quien acompaña una tercera persona;* JULIÁN. *Los tres abrazan de forma sucesiva a* ESTEBAN.

PEPA. ¡Esteban, hijo!

ESTEBAN. Disculpad a mi madre, esto la está superando... ¡Avelino!

PEPA. Por Dios, anda, no tienes que justificar nada, solo faltaría. *(*AVELINO *abraza a* ESTEBAN *sin decir nada y justo después comienza a examinar la zona del desayuno y a echarse leche y café sin preguntar nada y sin pronunciar palabra).* Nos hemos traído a Julián, nuestro amigo común, tenía mucho interés en venir a acompañarnos. ¿Te acuerdas de Julián verdad?

ESTEBAN. *(Abrazándole).* Julián, claro, Julián, Julián, sí, Julián, Julián.... del barrio ¿verdad?

JULIÁN. Del club, del club, yo conocía a tu padre y a vosotros del club.

ESTEBAN. Del club, claro, el club, el club, el club de golf...

JULIÁN. El club de campo.

ESTEBÁN. ¿El club de campo de Pinar de los Sotos?

JULIÁN. Del club de campo de Santa Agüeda.

ESTEBAN. Claro, jeje, ese club de campo, al que íbamos de pequeños, sí, sí, nos cambiamos al mudarnos, nos pillaba en la otra punta de la ciudad. ¡Joder! Yo era un chaval, lo mismo hará ya quince años o más que no vamos.

JULIÁN. Veinticuatro, os distéis de baja en el noventa y ocho.

ESTEBÁN. Vaya, es una barbaridad cómo pasa el tiempo.

Mientras ESTEBAN *charla con* JULIÁN, PEPA *se une a su marido y comienza a echarse leche y café, mientras* AVELINO *moja galletas en la leche.*

JULIÁN. Yo formé parte de la primera junta directiva, te estoy hablando de hace cuarenta y seis años, que se dice pronto, cuarenta y seis años. Allí conocí a tu padre, montamos la piscina, el chiringuito y la pista de tenis.

PEPA. Esteban, hijo, perdona, ¿No quedará sacarina?

ESTEBAN. Por ahí tiene que andar, espere que voy a mirar. *(ESTEBAN se acerca a la zona donde están los utensilios para desayunar con la esperanza de librarse de* JULIÁN, *pero este le sigue realizando un marcaje implacable).*

JULIÁN. Tuvimos un lío con la licencia de obra de dos pares de narices, había una parte que estaba considerada terreno rústico y no sé que leches, vamos, un jaleo de papeles, y el mover papeles entonces, no era como ahora...

ESTEBAN. Pepa, lo siento, no veo la sacarina, pero mira, creo que me puedo acercar a la cafetería a buscarla, será solo un momento.

PEPA. Ni se te ocurra, solo faltaría, nosotros nos arreglamos, aquí no estamos para crear molestias.

JULIÁN. Pero vaya, que montar el minigolf fue mucho más engorroso, y cada año nos las veíamos y deseábamos para encontrar gente para atender el chiringuito, los primeros años tirábamos de un tal Anselmo, un primo del primer jardinero, pero resultó ser un pájaro.

AVELINO. ¿No quedan palmeritas de esas dulces pequeñitas para mojar?

ESTEBAN. Más tarde viene un pequeño catering, igual traen.

JULIÁN. Total que el Anselmo este, resulta que sisaba de la caja, nos quitaba dinero, ¿cómo te quedas? Y claro, el tema es que como venía recomendao pues todavía fue más el planchazo...

De pronto, se hace un silencio. Aparece LA MADRE *totalmente compungida, demacrada, con el rostro totalmente desencajado, lánguida y pálida. Se acerca con paso ceremonioso. Sin decir una sola palabra se acerca a cada uno de los invitados quienes la abrazan y besan dando sus condolencias en voz baja. Una vez que termina la ronda se dirige a su hijo.*

LA MADRE. ¿No se lo has enseñado?

ESTEBAN. No quería hacerlo sin su presencia, madre.

LA MADRE. Tampoco hacía falta que fueras tan protocolario, al fin y al cabo, aquí el protagonista es mi Jesús, bueno, nuestro Jesús, venid a verlo, Avelino, Pepa, y....usted era...

ESTEBAN. Julián, del club de campo.

LA MADRE. ¿Del club de campo de...?

ESTEBAN. De Santa Agüeda, donde estábamos antes.

LA MADRE. Ya, ya, claro, Julián. Bueno, en cualquier caso, pasad a verlo y darle el último adiós.

PEPA. Yo es que prefiero recordarlo tal y como siempre le conocí: moviéndose y alegre.

AVELINO. A mí estas cosas me dan mucha impresión. Soy de los que se desmaya siempre con los pinchazos.

LA MADRE. *(Sentenciosa).* A él le hubiera gustado.

JULIÁN. Yo sí quiero verlo.

JULIÁN *se acerca a la parte lateral del escenario donde se intuye la presencia de la cristalera, a continuación le siguen de mala gana,* AVELINO *y* PEPA.

AVELINO. ¿Ese es Jesús?

PEPA *le da un pisotón para recriminarle.*

ESTEBAN. No, es uno de sus 256 dobles, nuestro padre en realidad está ahora en las Islas Mauricio, con una cara nueva y viviendo a cuerpo de rey.

JULIÁN. ¿En serio?

LA MADRE *da un fuerte codazo a* ESTEBAN *para recriminarle.*

ESTEBAN. Perdón creía que estaba hablando solo a la voz de mi conciencia, disculpad.

PEPA. Hay que ver qué bien lo han dejado.

LA MADRE. ¿Verdad que sí? Yo nunca lo he visto así

AVELINO. No, ni nosotros...

PEPA. Vamos, que está muy guapo...

AVELINO. Y muy elegante...

JULIAN. Tiene la misma planta que cuando nuestra quinta se licenció en el cuartel de instrucción de Cartagena.

LA MADRE. ¿Pero también hicieron la mili juntos?

JULIÁN. También, también...

PEPA. Oye, pero le faltan las coronas, las traerán ahora ¿no?

LA MADRE *mira a* ESTEBAN.

LA MADRE. Mi hijo lo está tramitando.

ESTEBAN *agarra del brazo a* JULIÁN *y se lo lleva a una zona aparte del escenario. Mientras tanto,* PEPA *y* LA MADRE *siguen conversando en voz baja sobre las virtudes del difunto, mientras* AVELINO *se acerca cada dos por tres a la mesa del café a coger galletas.*

ESTEBAN. Julián, usted que parece un hombre experimentado, viajado, seguro que puede responderme a una pregunta.

JULIÁN. Claro, lo que sea, adelante.

ESTEBAN. ¿Qué uso se le puede dar a las coronas funerarias una vez que ha finalizado el sepelio?

JULIÁN. Vaya, esa es una pregunta compleja, ¿Probaste a mirar en google?

ESTEBAN. Me da miedo usar esa herramienta, es algo en lo que sabes cómo empiezas, pero no sabes cómo acabas, la última vez que entré me dio por investigar si los pingüinos tienen rodillas.

JULIÁN *empieza a reírse estrepitosamente.*

JULIÁN. ¡Hay que joderse con las ocurrencias que tiene la gente! *(Pausa).* ¡Coño, pues ahora me he quedao con la duda! ¿Tienen o no?

ESTEBAN. Tiene que ayudarme, Julián. Para mi madre y para mí, encontrar una utilidad a esos ramos es ahora mismo de vital importancia.

JULIÁN. Tengo una idea: vayamos a esa mesa, saquemos una hoja, escribamos todo el ramillete de opciones posibles y luego llegaremos a la opción correcta por descarte.

ESTEBAN. No se me ocurre una propuesta mejor, y no estoy hablando de forma simbólica queriendo decir que me parezca una idea maravillosa, sino que literalmente no se me ocurre nada mejor. Así que vamos.

JULIÁN *y* ESTEBAN *se colocan en un extremo de la mesa realizando su particular criba,* LA MADRE *y* PEPA *conversan en el sofá, mientras* AVELINO, *también en el sofá, sigue comiendo galletas y bebiendo café.*

PEPA. ¿Y sufrió mucho?

LA MADRE. Los médicos decían que no.

PEPA. ¿Lo sedaron?

LA MADRE. Desde tres días antes, pero vamos que ya antes del ingreso apenas reaccionaba.

PEPA. Entonces, ¿no era consciente de lo que estaba pasando?

LA MADRE. Pues, no sé qué decirte. Algunas veces notaba un cierto brillo en sus ojos, como si tuviera una especie de lucidez, no sé, es complicado imaginar qué pasaba por esa mente.

PEPA. ¿Crees que echó de menos a alguien en esos momentos?

LA MADRE. A mi hijo el pequeño, pero no podía ser, no puede convivir con Esteban, hubiera sido peor.

AVELINO *empieza a atragantarse después de que su esposa cambie la expresión de su cara tras lo dicho por* LA MADRE.

LA MADRE. Avelino, toma aire por un solo agujero de la nariz.

AVELINO. No es nada, me ha entrado por el otro lado.

PEPA. Mira, creo que hay algo que tenemos que decirte.

PEPA *y* AVELINO *cuentan algo al oído de* LA MADRE. *En ese momento, vuelve a escucharse el sonido a cortinilla metálica y la vidriera vuelve a cubrirse lo cual sorprende a todos.*

ESTEBAN. ¿Lo han tapado? ¿Ya? Pero si todavía no lo ha visto casi nadie.

PEPA. No cariño, no te preocupes, seguramente estén arreglándole cualquier detalle del traje.

LA MADRE. Exacto, seguid con vuestras cosas.

ESTEBAN. Bueno, siendo así...

PEPA *y* AVELINO *siguen cuchicheando con* LA MADRE, *mientras* ESTEBAN *y* JULIÁN *siguen haciendo cábalas. Tras unos momentos se vuelve a escuchar el sonido de cortinilla y la vidiera se descubre.* LA MADRE, PEPA *y* AVELINO *miran a través de la vidriera.* LA MADRE *se muestra sorprendida y mira disimuladamente a* ESTEBAN.

ESTEBAN. Bueno, vamos a ver qué arreglos le han hecho.

LA MADRE. ¿Qué habéis decidido hijo? Cuéntame, ¿a dónde os han llevado vuestras deliberaciones?

ESTEBAN. Creo que vamos a hacer una encuesta por todo el tanatorio para ver qué ideas nos aporta la gente.

LA MADRE. Excelente ocurrencia, excelente, ¿verdad? *(PEPA y* AVELINO *responden afirmativamente de manera mecánica).* Creo que podríais empezar por aquí, ¿no os parece?

JULIÁN. ¿Se encuentra usted bien?

LA MADRE. No, en realidad no, me encuentro algo débil, Esteban, ¿podrías acompañarme al baño?

LA MADRE *se echa encima de* ESTEBAN *al tiempo que* PEPA *y* AVELINO *tapan con su cuerpo el área de visión de la cristalera, algo que no pasa desapercibido a* ESTEBAN.

ESTEBAN. ¿Por qué no me decís qué puñetas está pasando?

En ese momento llaman a la puerta.

AVELINO. Lo mismo son los del catering con las palmeritas.

Por la derecha del escenario aparece caminando poco a poco ANTONIO. LA MADRE *se abalanza sobre él y lo abraza.* ESTEBAN *lo mira en total y absoluto choque. Tras esto se dirige a un lado,* PEPA *y* AVELINO *al ver su rostro le permiten el paso hacia la vidriera y* ESTEBAN *contempla a través de la misma con la cara ausente. Se mantiene dando en todo momento la espalda a su hermano.*

LA MADRE. Antonio, hijo mío, no lo creo, no puedo creer lo que ven mis ojos. No puedo creer que te esté abrazando.

ANTONIO. No hace falta que digas nada.

Tras un largo y emotivo abrazo, la madre le suelta. ANTONIO, *va hacia la vidriera, claramente emocionado se coloca codo con codo junto a su hermano contemplando el cuerpo de su padre.*

ANTONIO. Y tú hermanito, ¿tú no vas a abrazarme?
ESTEBAN. Bonita corona, Antonio. ¡Felicidades!

ESTEBAN *se vuelve y avanza unos metros dando la espalda a su hermano.*

OSCURO.

II.

La sala del tanatorio. 9:00 de noche.

Mismo ambiente aséptico aunque la atmósfera se siente algo más cargada. Ahora las sillas aparecen colocadas de forma dispersa, la mesa se halla completamente desordenada con las botellas de agua abiertas, algunas vacías e inclinadas sobre la mesa, los paquetes de galletas descansan rotos desprendiendo muchos de ellos una hilera de migajas. En el sofá es JULIÁN *quien descansa, recostado sobre un cojín y emitiendo ligeros ronquidos. Mientras que en el centro, vemos a* ESTEBAN, *hablando con* EL REPRESENTANTE *de los servicios funerarios. No hay nadie más en el escenario.*

REPRESENTANTE. No sé qué decirle, es una petición muy poco convencional...

ESTEBAN. *(Emocionado).* ¿Cómo ha dicho?

REPRESENTANTE. *(Visiblemente desconcertado).* Entiéndame, lo que quiero decir es que...

ESTEBAN. No no, no intente explicármelo, por favor, repita exactamente lo que ha dicho.

REPRESENTANTE. Que es una petición muy poco convencional.

ESTEBAN. ¡Exactamente! ¿No le parece maravilloso?

REPRESENTANTE. Hombre, no sé si maravilloso es la palabra que tenía ahora mismo en la ment...

ESTEBAN. *(Interrumpiéndole).* ¿No cree usted que esta es una idea única e irrepetible?

REPRESENTANTE. *(Tragando saliva).* Eso es seguro.

ESTEBAN. ¿Lo ve como nos vamos entendiendo?

REPRESENTANTE. La cuestión es que ni siquiera sé si hay alguna floristería que haga esto.

ESTEBAN. Encuéntrela.

REPRESENTANTE. ¿Y si ninguna se presta a hacer este servicio?

ESTEBÁN. Oblíguela.

REPRESENTANTE. ¿Es consciente de que esto aumentará significativamente los gastos?

ESTEBAN. Me hago cargo.

REPRESENTANTE. Pensaba que estaba buscando el presupuesto más económico posible.

ESTEBAN. Efectivamente, estaba, pero mis prioridades son ahora otras.

REPRESENTANTE. Si no es mucha indiscreción, ¿puedo preguntarle a qué se debe este cambio de planes?

ESTEBAN. Claro que sí, ¿me permite contarle una intimidad?

REPRESENTANTE. Seré una tumb.... esto... su secreto está seguro conmigo.

ESTEBAN. Ahora mismo tengo un aprieto muy gordo.

REPRESENTANTE. ¿Cómo es eso?

ESTEBAN. Pues deben ser los nervios porque no he comido casi nada en todo el día. discúlpeme, debo ir al baño.

ESTEBAN *sale dejando una vez más al* REPRESENTANTE *estupefacto. En ese momento,* JULIÁN *se desvela y recae en la presencia de su acompañante.*

JULIÁN. He tenido un sueño extrañísimo.

REPRESENTANTE. Si se siente mejor, puede contármelo, eso sí, prométame que no se va a marchar a hacer de vientre.

JULIÁN. ¿Usted también es amigo de la familia?

REPRESENTANTE. A este ritmo voy camino de ello, pero no, la realidad es que estoy aquí por motivos estrictamente profesionales. ¿Por qué lo pregunta? ¿No se siente cómodo haciendo confesiones a un desconocido?

JULIÁN. Todo lo contrario, ¿Sabe usted jugar a las cartas?

REPRESENTANTE. ¿Cree que estoy para una partida ahora?

JULIAN. Yo no tengo ni idea de jugar a las cartas.

REPRESENTANTE. Por más que me tiente para desplumarle, no tengo tiempo para una mano.

JULIÁN. No tengo ni idea y sin embargo me veía en este sueño manejando la baraja como un profesional de esos, un crupier creo que se llaman, lo más curioso es que repartía sobre un tapete vacío, solo estaba yo y nadie participaba.

REPRESENTANTE. A lo mejor aquello era un solitario. No me parece tan raro.

JULIÁN. En un casino fantasma, con ruletas, máquinas tragaperras, luces, pero sin gente...

REPRESENTANTE. Al menos echaría usted buenas cartas. Total, si no le veía nadie.

JULIAN. No era una baraja normal, ni española ni de póquer, aparecían unos símbolos raros, como figuras egipcias, animales, y dibujos con formas geométricas.

REPRESENTANTE. En la peña de mi barrio no tenemos barajas así.

JULIÁN. ¿Qué interpretación le da usted?

REPRESENTANTE. Una mala digestión.

JULIÁN. No he probado nada en todo el día.

REPRESENTANTE. Entonces está claro, es su estómago pidiendo comida, su estómago hablando directamente desde el inconsciente, su estómago vacío como el casino.

JULIÁN. ¡Ey amigo! Usted es bueno, eso tiene sentido.

REPRESENTANTE. No haga esperar más a su organismo y vaya, vaya ahora mismo a la cafetería, el subconsciente es muy jodido y el vientre ya ni le cuento...

JULIAN. Voy a hacerle caso, gracias por su aviso, por cierto, mi nombre es Julián, ¿y usted es?

REPRESENTANTE. Esta noche puede considerarme la voz de su conciencia.

JULIÁN *asiente algo extrañado y sale del escenario.* EL REPRESENTANTE *se mueve por el escenario observando el espacio como si fuera un lugar de guerra. De pronto cae en la cuenta de la cristalera.*

REPRESENTANTE. Caballero, me voy a permitir decirle algo en confianza porque sé de buena tinta que no lo va a largar: los sepelios son como las bodas, mucha gente se esfuerza en hacer de ellos algo especial pero en el fondo son todos iguales. Y lo más gracioso es que en esta ceremonia el protagonista es el único que no tiene ningún control sobre lo que va a pasar.

EL REPRESENTANTE *mira la cristalera en silencio con signo de respeto, tras unos segundos,* ESTEBAN *aparece por el centro del escenario sin que* EL REPRESENTANTE *se percate.*

ESTEBAN. ¡Dios mío! ¿Cómo lo ha conseguido? Por fin se ha ido el tío coñazo.

EL REPRESENTANTE. ¿Julián?

ESTEBAN. No repita ese nombre, lo he escuchado más en el día de hoy que en esta vida y las tres anteriores.

EL REPRESENTANTE. Lamento decirle que volverá y que usted podrá seguir dándole muestras de afecto.

ESTEBAN. Vivamos el momento entonces, creo que tengo pendiente contarle por qué he cambiado de planes.

EL REPRESENTANTE. Creo que mejor lo dejamos para otro momento, es tarde y quiero dejarles en la intimidad que merecen.

ESTEBÁN. Muy bien, pero dígame para cuándo tendrá mi encargo.

EL REPRESENTANTE. Sí todo va bien a primera hora de la mañana.

ESTEBÁN.¿Si todo va bien?

EL REPRESENTANTE. Las floristerías están ya cerradas y esto es un trabajo...especial...

ESTEBÁN. El reponso es a las diez, y mi panegírico justo antes, tienen que estar a tiempo, si no es así, nada de esto tendrá sentido.

EL REPRESENTANTE. Veo que se ha aprendido la palabra. Deberían recomendarla en los cursos de logopedia: PA NE GÍ RI CO.

ESTEBAN. ¿Puedo confiar en usted?

EL REPRESENTANTE. Descuide, no soy logopeda pero esto se está convirtiendo para mí en una cuestión personal.

EL REPRESENTANTE *y* ESTEBAN *cruzan una mirada de complicidad y tras ello,* EL REPRESENTANTE *sale por la parte derecha del escenario. Justo cuando salen se escuchan saludos y jaleo detrás del escenario así como tumulto de niños. Tras unos segundos entra la familia al completo:* LA MADRE, *su nuera* ELENA, *los nietos:* SALVADOR y GISELA, *y, finalmente, su hijo* ANTONIO. LA MADRE *se sienta en el sofá con evidentes signos de cansancio real,* ELENA *se sienta junto a ella, mientras* SALVADOR *corre a refugiarse junto a su padre mientras es perseguido por su hermana* GISELA. ANTONIO *contempla la escena feliz desde el otro lado del escenario.*

SALVADOR. Papá, Gisela ha robado botellas de agua a la gente y ahora me está mojando a mí.

GISELA. ¡Chivato!

ESTEBAN. Elena, supongo que les has dejado creer que están en una fiesta, ¿no?

LA MADRE. Déjala, hoy no estamos para estar pendientes de los críos. Ni contestes, hija.

ANTONIO. No seas muy duro con ellos, este no es su lugar natural y llevan aquí muchas horas.

ESTEBAN. Qué fácil es pedirse el papel de polí bueno cuando solo se está un ratito y no hay que acarrear ninguna responsabilidad, ¿verdad? *(Dirigiéndose a sus hijos).* ¡Os quiero a los dos ahora mismo aquí sentados y más tiesos que una vela! *(Los niños obedecen ipso facto y se produce un tenso silencio. Los niños comienzan a establecer un juego de miradas burlonas, siempre intentando no ser descubiertos por ningún adulto).*

ELENA. Acabo de caer en la cuenta de que hemos dejado a Julián solo.

ESTEBAN. Y seguro que ha sido un descuido inintencionado y oportuno.

ANTONIO. No entiendo por qué os cebáis tanto con él, a mí sí que me suena del antiguo club, ligeramente, pero me suena, y si ha tenido el detalle de venir después de tantos años es de agradecer.

ESTEBAN. Si te cae tan bien, ¿por qué no vas a darle un poco de charla?

ANTONIO. ¿Sabes qué? No me hubiera importado pero pensé que podrían echarme en falta por aquí.

ESTEBAN. Tiene gracia que eso te preocupe ahora.

GISELA. Papá, tengo hambre.

ESTEBAN. No puede ser, acabáis de cenar en la cafetería.

ELENA. Error, la cafetería estaba cerrando.

ESTEBAN. Pero entonces, ¿qué habéis estado haciendo allí todo este rato?

LA MADRE. Salir a despejarnos, hijo, todas estas horas aquí tienen un efecto claustrofóbico.

ESTEBAN. Eso está genial, a lo mejor yo también tendría que salir a despejarme, lástima que siempre hay alguien que tiene que encargarse de todo.

SALVADOR. Papá, yo también tengo hambre.

LA MADRE. Tienes a los niños sin comer.

ESTEBAN. ¿Yo?... pero será pos....

LA MADRE. ¿Qué?

ESTEBAN. *(Respira hondo).* Nada, nada, que yo me encargaré de solucionar esta situación. Por supuesto. A ver, Gisela cariño, Salvador, hijito. ¿Qué queréis comer?

GISELA. Yo quiero una pizza.

SALVADOR. Y yo una hamburguesa y nuggets de pollo.

GISELA. De bacon, extra de queso y aceitunas negras.

SALVADOR. Y aros de cebolla.

GISELA. ¡Que traigan pan de ajo!

SALVADOR. Y salsa barbacoa.

GISELA. De postre yo quiero helado de turrón y pasas.

SALVADOR. Y yo batido de galletas y crema.

GISELA. Papa, ¿puedo beber Monster?

SALVADOR. Que no, que eso es malo, que tiene mucho azúcar y cafeína, taurina y carnitina.

GISELA. ¡Cállate gilipollas!

SALVADOR. Papá, me ha insultado.

GISELA. Papa, pide Monster.

SALVADOR. No, que tiene sacarosa y glucosa y agua carbonatosa.

GISELA. ¡Cállate que te meto!

SALVADOR. ¡Papá me ha amenazado!

GISELA. ¡Chivato! ¡Papá el Monster!

SALVADOR. No, que me da gases, mejor un zumo de naranja y arándanos.

GISELA. Sí vamos, ¡Para que te vayas por la patilla!

SALVADOR. ¡Papa sí!

GISELA. ¡Papa no!

ESTEBAN. ¡Baaaaaaaaaaaaaaasta!

Se vuelve a producir un silencio violento y abrupto. ESTEBAN *tiene la cara desencajada,* GISELA *y* SALVADOR *miran a su padre asustados,* LA MADRE *mira a* ESTEBAN *con aspecto inquisitivo, mientras* ELENA *esboza una sonrisa y* ANTONIO *intenta contener su risa, lo cual no pasa desapercibido a* ESTEBAN.

ELENA. Hijos, tenéis que entender que hoy es un día muy duro y Papá ha tenido que hacer muchas cosas. Si hace falta, os venís conmigo, buscamos cualquier sitio y ya nos arreglaremos.

ANTONIO. Yo os acompaño, vuestro tito favorito os llevará a comer donde queráis.

ESTEBAN. De eso nada, cenamos todos juntos aquí, lo único que tengo que hacer es avisar al representante de la funeraria y que traigan el catering.

LA MADRE. Pero la cena no estaba contratada.

ESTEBAN. Nada que una llamada no pueda arreglar, Mamá. Dime qué te apetece.

LA MADRE. Pues yo no sé si tomar nada. *(A ELENA).* ¿Tú vas a cenar?

ELENA. Yo alguna cosa sí que picaría, tengo un poco de guasa.

ANTONIO. Yo tomaré algo, por no haceros el feo.

LA MADRE. Pero a todo esto, ¿qué es lo que traen en el catering este?

ESTEBAN. *(Resoplando).* No lo sé.

LA MADRE. Pregunta a ver si tienen alitas de pollo.

ELENA. Igual un par de tortillitas entrarían bien.

LA MADRE. Pero con cebolleta.

ANTONIO. ¿Hidratos por la noche?

ELENA. Bueno, se puede pedir también un poco de ensaladita.

ANTONIO. Bueno y unas cervecitas pa bajarlo todo, ¿no? Sin alcohol, ¡Eh! Sin alcohol.

GISELA. ¡Y el Monster, papá!

ESTEBAN. ¡Bueno, vale ya! Mirad, lo vamos a hacer de la siguiente manera: voy a llamar, en la medida de lo posible intentaré satisfacer vuestras solicitudes, pero en última instancia se traerá lo que dicten mis santos cojones. ¿Está claro?

ELENA. Como el agua.

ANTONIO. Menuda canción esa, ¡Qué grande Camarón!

LA MADRE. Aprovecha también y sales un rato, llevas mucho aquí y te está pasando factura.

ESTEBAN. Pues mira, creo que te voy a hacer caso...

ESTEBAN *sale por la derecha del escenario y desaparece.*

ANTONIO. Veo que sigue en plena forma.

ELENA. Todos estamos llevando esto como podemos. Dale un respiro.

ANTONIO. Siempre vas a encontrar formas de justificarle, ¿verdad?

LA MADRE *carraspea de forma consciente para cortar la conversación y dirige su mirada hacia los niños.*

LA MADRE. Gisela, Salva, vamos a ver al abuelito.

GISELA. ¡Vale, abuela!

LA MADRE *se levanta y lleva a los niños a la altura de la cristalera donde observan de forma calmada, en el otro lado del escenario,* ANTONIO *y* ELENA *comienzan a dialogar en voz baja.*

ANTONIO. ¿Cuándo vas a dejar de engañarte?

ELENA. No necesito que nadie me salve.

ANTONIO. ¿Esta es la vida que soñaste?

ELENA. Esta es la vida que tengo.

ANTONIO. ¿Y te hace feliz?

ELENA. Por supuesto, tengo a los niños.

ANTONIO. Me encanta ese argumento por el que la presencia de los hijos lo puede justificar absolutamente todo.

ELENA. ¿Qué estás insinuando? Mis hijos son mi mayor satisfacción en la vida.

ANTONIO. Tus hijos son tu única satisfacción en la vida.

GISELA. *(Interviniendo en voz muy alta de forma inesperada).* ¡Hala! El abuelo tiene la cara pintada!

SALVADOR. Pintada, no, ¡maquillada!

GISELA. ¿Eso es verdad, abuela? ¿Han maquillado al abuelo?

LA MADRE. Sí, cariño

GISELA. ¿Y para qué?

LA MADRE. Para que esté guapo cuando llegue al cielo.

GISELA. ¿El abuelo va a ir al cielo?

LA MADRE. Sí cariño, ha sido muy bueno.

SALVADOR. Eso es verdad, siempre nos daba la paga.

GISELA. Abuela, ¿quién nos dará la paga ahora que el abuelo no está?

ANTONIO. ¡Vaya, esta chica sí que se preocupa por lo que de verdad importa!

ELENA. ¿A quién habrá salido?

Se escucha el sonido de la puerta abriéndose paulatinamente y tras ella, aparece JULIÁN, *despacio y con aire cansado y melancólico.*

GISELA. *(Hablando a su abuela en voz baja).* Ahí está el señor pesao.

LA MADRE. Julián, ¿por dónde andaba? Le hemos echado de menos.

ANTONIO. Se le ve cansando don Julián.

JULIÁN. ¿No estará por aquí el caballero representante de la funeraria?

ELENA. Hace tiempo que debió marcharse, aunque ahora supuestamente estará hablando con Esteban para traer el catering.

LA MADRE. Que por cierto, se está tomando su tiempo.

JULIÁN. Es una pena, quería debatir con él la interpretación de mi sueño, me parece que lo ha simplificado demasiado.

ANTONIO. Es usted admirable, todas las personas deberíamos dedicar tiempo a pensar en nuestros sueños, ¿no te parece, Elena?

ELENA. No sé qué decirte, en la vida siempre hay alguien a quien le toca poner el despertador en hora.

JULIÁN. He estado debatiendo el significado con el camarero de la cafetería, como la cocina estaba cerrada y no he podido cenar, se me ocurrió que era lo mejor que podía hacer.

LA MADRE. Ha debido agradecer tanto su compañía.

ANTONIO. ¿Por qué no nos cuenta de qué trataba ese misterioso sueño?

JULIÁN. En realidad, mi idea era explicarles las conclusiones que he sacado y sus consecuencias.

ANTONIO. ¿Qué quiere decir?

Justo en ese momento, llaman a la puerta.

VOZ DEL EXTERIOR. ¡Servicio de catering!
TODOS. ¡Pasen!

Dos camareras entran en la sala portando sendas bandejas, tras ellas aparece ESTEBAN, *una vez que las camareras dejan las bandejas, salen y vuelven a por más.*

ESTEBAN. ¡Hombre Julián, sabía que volveríamos a vernos!
JULIÁN. Esteban, creo que llegas en el momento justo.
ESTEBAN. Y tanto, como que llego con la comida, no puede haber un momento más justo.

Las camareras van entrando y dejando las bandejas paulatinamente en la mesa central. Los invitados revolotean como moscas alrededor de las bandejas, LA MADRE *y* ELENA *tienen que sujetar a los niños para que no se abalancen sobre la comida.*

JULIÁN. La cuestión es que yo quería decirles a todos algo importante.
ESTEBAN. Claro, y podrá hacerlo, durante la cena. ¡Gisela, que te veo!

Las camareras terminan de colocar las bandejas en la mesa central y se marchan realizando una pequeña reverencia. Las sillas han sido apartadas y los presentes se quedan alrededor de la mesa como si estuvieran adorando algún tipo de figura divina.

LA MADRE. Parece que estamos en nochebuena.
ELENA. Desde luego...

Todos se miran unos a otros.

ESTEBAN. Bueno, pues...
ANTONIO. Vamos a...
LA MADRE. A dejarnos de tonterías y a meterle mano a esto.

Todos comienzan a comer de pie alrededor de la mesa. Se miran con recelo, cogen sus cubiertos, destapan sus bebidas, ELENA *se de-*

dica a apartar los alimentos para los niños en un plato aparte como si fueran los polluelos de un nido. Nadie parece tener necesidad de decir nada, aunque el único que no prueba bocado es JULIÁN, *algo que no pasa desapercibido a algunos de los presentes.*

LA MADRE. ¿No come usted, Julián?

JULIÁN. Creo que mi estómago no admite alimentos hoy.

ANTONIO. ¿Qué era eso tan importante que tenía que decirnos?

JULIÁN. Puedo esperar, no se preocupe, ahora les veo ocupados.

Los presentes continúan comiendo y bebiendo al ritmo de sonidos de cubiertos, vasos y platos moviéndose.

ELENA. ¿Qué tal todo por Berlín? Antonio.

ANTONIO. Berlín ya no es lo que era.

ESTEBAN. Vamos, hermanito, tú puedes hacerlo mejor.

ANTONIO. *(Sonriendo).* No te entiendo.

ESTEBAN. Me parece la frase más hueca y estereotipada que puede decirse. Berlín no es lo que era, Nueva York no es lo que era, Barcelona no es lo que era. ¿Qué se supone que significa eso?

ANTONIO. Significa que antes era diferente, nada más.

ESTEBAN. ¿Y acaso puede ser de otra manera? En esa afirmación hay un ingenuo intento de impresionar, de afirmar que se está por encima de todo, pero, ¿sabes qué pienso? Pienso que en realidad muestra una infantil incapacidad para adaptarse a la realidad, para asumir el papel que nos toca desarrollar en cada momento.

ANTONIO. Ya me he enterado de que te va muy bien vendiendo esos cursos de retórica. Pero a lo mejor hoy puede ser un buen día para tomarte una pausa. ¿No te parece? Está suficientemente claro que eres un hacha muy productivo, no tienes que demostrar nada a nadie. No machaques a un pobre fracasado como yo.

LA MADRE. Deja de decir tonterías hijo, algunos de tus cuadros se han expuesto en las principales capitales del mundo.

ESTEBAN. Tranquila mamá, está siendo irónico, una persona talentosa tiene capacidades como esa y como la de dejar caer delante de todo el mundo que soy un trepa.

ANTONIO. Como buen orador, lo estás diciendo todo tú, hermano.

SALVADOR. Yo creo que eso en irónico quiere decir...

GISELA. ¡Qué papá es un bocazas!

SALVADOR. ¡Eso!

ELENA. ¡Niños!

ANTONIO *sufre un ataque de risa, mientras que* ESTEBAN *tiene los ojos encendidos en sangre y* LA MADRE *mira la escena con cara de preocupación y con miedo a intervenir.*

ESTEBAN. Amor, no regañes al mensajero, los niños solo han traducido el mensaje, ¿verdad?

Los niños asienten con la cabeza temerosos de llevar la contraria a su padre. ANTONIO *continúa con su ataque de risa.*

ANTONIO. Siempre vais a ser mis sobrinos favoritos.

ESTEBAN. Podrías adoptarlos.

SALVADOR. Papá, ¿Eso se puede? ¿te puede adoptar un familiar?

ANTONIO. ¿Ya empieza a cansarte el paraíso?

SALVADOR. Gisela dice que soy adoptado.

GISELA. Adoptado, no, alelado.

ESTEBAN. Sería gracioso verte cuidando niños.

ANTONIO. Mejorando lo presente.

ELENA. ¡Dejadlo ya!

Silencio.

ELENA. Yo creo que a veces, nos olvidamos de dónde estamos y delante de quien hablamos. ¿No os parece?

LA MADRE. Toda la razón, Elena, menuda despedida le estamos dando. Si pudiera vernos.

GISELA. Menos mal que tiene los ojos cerrados.

SALVADOR. Abuela, ¿y si resulta que el abuelo solo se está haciendo el muerto?

LA MADRE. Eres un amor, cariño, pero no, me temo que no.

ANTONIO. Si no estuviera muerto, ya habría saltado a quitarnos la birra.

LA MADRE y ESTEBAN *muestran una falsa impresión de indignación.*

ESTEBAN. ¡Por Dios!

ANTONIO. ¿Qué? Siempre fue muy cervecero.

LA MADRE. ¿Qué estará pensando Julián de nosotros?

JULIÁN. Para serles sinceros, la atmósfera es muy diferente a la que yo solía vivir con Jesús.

LA MADRE. Vaya, ¿y cómo era esa atmósfera? Díganos.

JULIÁN. Con él todo era paz.

ESTEBAN. Bueno, ya sabemos cómo era papá, se desvivía por la gente.

LA MADRE. A veces incluso demasiado, pero no lo podía evitar.

JULIÁN. No me entiendan mal, estoy seguro de que su dolor es incontrolable y le hace tener estas reacciones tan imprevisibles. Es normal, pero las riñas me ponen triste porque sé que no podía soportarlas.

ESTEBAN. ¡Qué gran verdad! Es sorprendente lo vinculado que estaba con nuestro padre, a pesar de que él nunca nos habló de usted.

JULIÁN. Eso también iba con su esencia.

ESTEBAN. ¿El no contarnos nada?

JULIÁN. El no preocupar a los que le importaban.

LA MADRE. Pero usted no es un motivo de preocupación.

JULIÁN. No es tan sencillo. ¿Creen que me gusta invadir su privacidad y este momento tan íntimo de una forma tan intrusiva? Les aseguro que no estaría aquí si no fuera porque tengo que hacerlo.

ANTONIO. Bueno, al fin y al cabo usted conocía a Jesús desde hace 40 años, es normal que sienta ese compromiso.

LA MADRE. Aunque los hay que también le conocían desde hace mucho y casi ni se han pasado.

JULIÁN. Yo no conozco a Jesús desde hace 40 años.

ESTEBAN. Es verdad, lo conoce desde la mili, nos lo dijo usted esta mañana.

ANTONIO. Pues más a mi favor.

JULIÁN. Su padre y yo crecimos juntos, pasamos la infancia juntos...

LA MADRE. Creo que me voy a desmayar. No me encuentro bien. ¿Podemos parar esto? Por favor.

JULIÁN. María, no revolvería esto si no tuviera un motivo, te lo aseguro.

ESTEBAN. ¿Mamá, qué está pasando?

JULIÁN. Se puede decir que durante los primeros años de vida, solo nos teníamos el uno al otro.

LA MADRE. Echad a esta persona de aquí inmediatamente.

ESTEBAN. ¿Es lo que quieres?

LA MADRE. Es lo que hay que hacer.

ESTEBAN. Pues en ese caso...

ESTEBAN *hace gestos a* JULIÁN *para que se vaya.*

ANTONIO. Si él se marcha, yo me voy con él.

ELENA. ¿Pero qué dices?

ESTEBAN. Si piensas que voy a entrar en tu juego de siempre vas listo. Creo que has oído claramente a mamá.

ANTONIO. Serías un genio aparentando que no te enteras de lo que está pasando, si no fuera porque realmente no lo estás aparentando.

ESTEBAN. Claro que sí, eres tú quien nunca ha estado contento con su vida y ahora quieres arruinar la de los demás.

ANTONIO. ¿Puedes llamar vida a una mentira?

ESTEBAN. Vete de aquí antes de que te calce una hostia.

ELENA. ¿Pero Esteban, te has vuelto loco, qué estás diciendo?

SALVADOR. ¡Hala! ¡papá y el tito se van a pelear!

GISELA. ¡Pelea, pelea!

ANTONIO. Julián, díganos por qué está usted hoy aquí.

ESTEBAN. Vas a conseguir que a mamá le pase algo. Mamá, por el bien de todos, es mejor que se vayan los dos, no entra en razones. Díselo tú.

ANTONIO. Si me marcho, no me volveréis a ver.

ESTEBAN. Creo que estamos acostumbrados, ¡puerta! ¿Mamá, de verdad no vas a decir nada?

LA MADRE. Vuestro padre era huérfano.

ESTEBAN Y ANTONIO. ¡Qué!

LA MADRE. Se crió en un orfanato, con este señor. Son prácticamente hermanos o lo más parecido a un hermano que se puede tener en la vida, supongo. Por eso, nunca supisteis nada de los abuelos.

ANTONIO. Nos dijiste que estaba enfadado con ellos.

LA MADRE. Te recuerdo que él tampoco os dijo nunca nada.

ESTEBAN. La verdad es que tampoco me parece motivo para montar este pifostio, ha sido usted alguien muy importante para nuestro padre durante su vida entera, muy bien, ¿pero sabe lo que le digo? Un amigo de verdad hubiera venido, se habría despedido como hace todo el mundo y dejaría las cosas estar ¿Se da cuenta de que el único motivo para que haya venido es sacar a relucir trapos sucios?

JULIÁN. Y porque voy a morir...

Todos se sobresaltan.

ANTONIO. Joder, Julián.

LA MADRE. No sabía nada.
JULIÁN. Nadie lo sabe.

Silencio.

ESTEBAN. *(Se toma unos segundos para reflexionar y pensar bien en lo que va a decir).* Lo siento, de verdad, de todo corazón, lo siento mucho. Pero honestamente, sigo sin entenderlo, ¿no bastaba con una despedida, una sentida y solemne despedida sin más? ¿Por qué se empeña usted en ser el protagonista?

JULIÁN *saca un documento de su chaqueta.*

JULIÁN. Es la única manera de asegurarme de cumplir una voluntad.
ESTEBAN. ¿Qué voluntad?
JULIÁN. La última voluntad de su padre.

JULIÁN *entrega el documento a* LA MADRE *a quien besa, después pasa por la vidriera para dar una última despedida a su amigo. Finalmente encamina la salida.*

JULIÁN. ¡Adiós!

JULIÁN *sale.*

OSCURO.

III.

La sala del tanatorio. 3:00 am. Todos duermen o al menos eso aparentan. El sofá está ocupado por los niños, LA MADRE *y* ELENA, *mientras que* ESTEBAN *parece descansar sobre una silla y* ANTONIO *ha improvisado una chaqueta en el suelo y está tumbado sobre ella. Tras unos momentos de silencio y ronquidos, vemos como* ESTEBAN *abre disimuladamente los ojos, observa a su alrededor y se acerca sigilosamente a su progenitora, aproxima su mano al bolso de esta, e intenta acercárselo, pero en ese momento es sorprendida por* LA MADRE, *que agarra violentamente su muñeca impidiendo que acceda al bolso.*

LA MADRE. Deberías saber que tengo el sueño ligero.

ESTEBAN. *(Susurrando).* ¡Por favor mamá, se van a despertar!

LA MADRE. Pues ya sabes, vete por donde has venido.

ESTEBAN. Sea lo que sea, no vas a poder resolverlo sola.

LA MADRE. No hay nada que resolver, está todo pensado y es bien simple.

ESTEBAN. En ese caso, ¿qué más te da decirme qué es?

LA MADRE. Precisamente para que el plan salga bien, nadie debe saberlo.

ESTEBAN. Te equivocas, ¿tú sabes lo complicado que es mantener una mentira sola? Es agotador, en cualquier momento puedes caer en alguna contradicción, en cambio si seguimos el plan juntos, siempre será más fácil que te cubra si la cagas.

LA MADRE. ¿Y quién te ha dicho a ti que el plan se basa en mentir?

ESTEBAN. Acabas de decir que nadie lo puede saber, ¿qué diferencia hay entre ocultar y mentir?

LA MADRE. No me vengas ahora con tus mierdas retóricas de los cojones.

ESTEBAN. Has empezado tú, pero bueno, al tema. Para tapar algo vas a necesitar ayuda, y ya sabes que aquí tu aliado soy yo.

LA MADRE. Si fueras mi aliado no te hubieras pasado el día abochornándome con tu hermano.

ESTEBAN. Mamá, su sola presencia aquí es un bochorno, pero precisamente, ya que sacas el tema, él fue quien ha liado este asunto queriendo tirar del hilo, y lo va querer seguir haciendo porque en su naturaleza está el enredar.

LA MADRE. En eso te tengo que dar la razón.

ESTEBAN. Pues eso, déjame ver el papelito y juntos sacaremos el marrón adelante.

LA MADRE. Tienes que llevarte bien con tu hermano.

ESTEBAN. Sí, claro, pues no pides tú nada, me llevas diciendo lo mismo desde los doce años.

LA MADRE. No entiendes nada, si no distraes su atención de alguna manera, no dejará de preguntar, tenemos que conseguir que se olvide.

ESTEBAN. ¿Y piensas que haciéndole la pelota no va a querer saber cuál fue la extraña última voluntad?

LA MADRE. Si le haces creer que esa última voluntad es precisamente vuestra reconciliación, probablemente no.

ESTEBAN. Vaya, brillante, aunque a mí me toca la parte más dura del plan, además, me hace falta conocer otro pequeño detalle no menos importante.

LA MADRE. ¿Cuál?

ESTEBAN. Pues la auténtica última voluntad.

LA MADRE. Es peligroso, podrías largar la verdad y conociendo a tu hermano, ya no querría hacer otra cosa.

ESTEBAN. ¿Crees que Antonio creería cumplirla solo para quedar por encima?

LA MADRE. Solo porque era el último deseo de papá.

ESTEBAN. ¿Aunque eso nos perjudicase?

LA MADRE. Aunque eso nos perjudicase, su concepto de familia, no es nuestro concepto de familia, su concepto de familia, es más parecido al de...

ESTEBAN. Es más parecido al de nuestro padre.

LA MADRE. Por ese motivo, me reí de ti esta mañana cuando intentabas convencerte a ti mismo de que había una conexión entre tu padre y tú. Lo siento hijo, tu padre nunca vio el mundo de la misma manera.

ESTEBAN. ¿Estás diciendo que papá nos la ha jugado incluso hasta después de muerto?

LA MADRE. Estoy diciendo que papá nunca tuvo el concepto de tener una verdadera familia.

Coge el sobre del bolso y se lo entrega a ESTEBAN. *Este lo lee con atención y luego queda horrorizado.*

ESTEBAN. Me cago en la put...

LA MADRE. ¡Chssst!

ESTEBAN. Esto tiene la firma de un notario.

LA MADRE. La tiene, pero solo hay una persona en este momento que puede reclamar que se ejecute.

ESTEBAN. El colega pesad...esto, Julián.

LA MADRE. Dejaremos pasar el tiempo, no olvides que no le queda mucho de vida.

ESTEBAN. Y sin nadie más que conozca el contenido de esta declaración solo quedará ejecutar la herencia de la forma tradicional.

LA MADRE. Exacto. Pero Antonio tiene que pensar también que la estamos cumpliendo.

ESTEBAN. Será difícil hacerlo sin dejarle ver este documento.

LA MADRE. Por eso mismo debemos parecer creíbles.

ESTEBAN. Bien pensado, que mi hermano y yo nos reconciliemos es una noble intención, además de un reto nunca conseguido en su vida.

LA MADRE. Y como el papanatas este, perdón, Julián, ha resultado ser lo más parecido a un hermano que tu padre tenía en este mundo, tiene cierta coherencia, por el rollo del simbolismo y todo eso.

ESTEBAN. ¿De verdad pensabas hacer todo esto tú sola?

LA MADRE. Vete a dormir que es muy tarde.

ESTEBAN. Procura que esto no caiga en las manos equivocadas.

Le devuelve el sobre.

LA MADRE. Procura que nadie más se desvele en lo que queda de noche.

ESTEBAN *vuelve a ocupar su silla y a cerrar sus ojos, mientras que* LA MADRE*, coloca de nuevo el bolso junto a ella, esta vez agarrándolo y vuelve también a descansar. El silencio vuelve a hacerse en la sala, hasta que al cabo de unos segundos, oímos los ronquidos de* LA MADRE. ANTONIO*, abre los ojos disimuladamente, mira a su alrededor, se mueve sigilosamente y se acerca a* ELENA*, le da un pequeño toque para despertarla, ésta al abrir sus ojos se sobresalta, pero* ANTONIO *le hace señales para que no hable y para que le siga. Se desplazan juntos hasta el lateral contrario del escenario.*

ELENA. ¿Estás loco? Se van a despertar.

ANTONIO. Mi madre está roncando y por mi hermano no te preocupes, conozco esa postura de cuello, son muchos años compartiendo hamaca. Está dormido.

ELENA. ¿Qué quieres?

ANTONIO. Tú sabes qué es lo que quieres, tú sabes lo que queremos los dos.

ELENA. Y tú sabes que es totalmente imposible y que siempre te diré que no.

ANTONIO. ¿No te has enterado de nada?

ELENA. ¿De qué me tenía que enterar?

ANTONIO. Esta familia es una farsa.

ELENA. ¿Y para decirme esto me despiertas? Mira, yo me vuelvo a dormir.

ANTONIO. Espera. No tienes que pasar por esto, no tienes por qué arruinar tu vida.

ELENA. Me temo que ya es tarde para eso.

ANTONIO. ¡Vamos, Elena! ¿De qué tienes miedo?

ELENA. En serio, ¿Te lo tengo que explicar?

ANTONIO. Siempre puedes divorciarte.

ELENA. Esteban nunca se recuperaría.

ANTONIO. Es una persona adulta, tendrá que aceptarlo.

ELENA. Jamás perjudicaría a mis hijos.

ANTONIO. ¿No se te ha ocurrido pensar que el fingir continuamente les pueda perjudicar más?

ELENA. Ellos necesitan estabilidad.

ANTONIO. No hay nada más inestable que un continuo malestar, nunca crecerán felices en una continua apariencia.

ELENA. ¿Y qué quieres que haga?

ANTONIO. Desaparece y ven conmigo, Elena.

ELENA. Estás loco.

ANTONIO. Nunca he estado más cuerdo.

ELENA. Te cansarás de mí y yo lo habré perdido todo.

ANTONIO. Eres el amor de mi vida.

ELENA. No digas eso, Antonio.

ANTONIO. Es la verdad, te quiero.

ELENA. ¡Basta ya!

ANTONIO. No puedes dar la espalda a tus sentimientos.

ELENA. Es todo mucho más complicado de lo que piensas.

ANTONIO. Te equivocas, es terriblemente fácil, puedes arreglar las cosas posteriormente, dejar que el tiempo pase, y entonces, explicarlo, hacerlo todo civilizadamente, yo sé que eso para ti es importante, pero sin el impulso del primer arrebato, nunca conseguirás dar el paso. Por eso, el momento es ahora o nunca.

ELENA. Así que quieres que se acabe la farsa, ¿no?

ANTONIO. Ya lo sabes.

ELENA. El fin de todas las mentiras y de todos los secretos. ¿No es eso?

ANTONIO. Eso es.

ELENA. ¿Serás capaz de soportar el peso de la verdad para siempre?

ANTONIO. Nunca he deseado nada con más fuerza.

ELENA. ¿A partir de ahora mismo?

ANTONIO. A partir de este preciso momento.

ELENA. Antonio, deberías tener cuidado con lo que deseas.

ANTONIO. ¿Me lo explicas?

ELENA. Creo que si te suelto lo que estoy a punto de decir, saldrás corriendo.

ANTONIO. Nada me hará echarme atrás, mi decisión es firme.

ELENA. Mírame a los ojos. Aprieta mis manos. ¿Estás preparado?

ANTONIO. Como nunca en mi vida.

ELENA. Muy bien, Antonio, nunca pensé que llegaría este momento, pero me has obligado a hacerlo, quiero que me mantengas la mirada y que seas consciente de que nada volverá a ser lo mismo.

ANTONIO. De acuerdo.

ELENA. Antonio, Gisela es hija tuya.

ANTONIO *se queda petrificado.*

OSCURO.

IV.

La capilla del tanatorio. Varias sillas de banquetas y un peque-
ño altar en el fondo. En el escenario hay una pequeña multitud de
personas esperando a que se inicie la ceremonia. También vemos
a toda la familia al completo, así como al REPRESENTANTE *de la*
funeraria y al PÁRROCO. *Junto al altar hay varias coronas de flo-*
res, destacan dos por su llamativo diseño donde las flores aparecen
cristalizadas y con pétalos de colores diferentes. ESTEBAN *mira con*
satisfacción las coronas ante la mirada cómplice del empleado de
la funeraria.

REPRESENTANTE. Me congratula que el resultado haya sido
de su agrado.

ESTEBAN. No le quepa duda, casi he recibido más felicitaciones por las coronas que condolencias.

REPRESENTANTE. No es para menos, un ramillete de flores
cristalizadas con azúcar y comestibles no es algo que se vea todos los días.

ESTEBAN. Es una idea brillante, no cabe duda, de esta forma
los allegados y queridos siempre llevarán a mi padre consigo,
Guardarán un pedacito de él.

REPRESENTANTE. Sin duda, hablando de allegados, me sorprende la ausencia de este amigo suyo, esta persona tan cerca-
na, tan peculiar, ¿cómo era su nombre?

ESTEBAN. Julián, es un nombre que ya no podré olvidar.

REPRESENTANTE. ¿Igual que la palabra panegírico?

ESTEBAN. Justamente, en fin, Julián ha vivido momentos de
mucha intensidad emocional y venir a la ceremonia era demasiado para él.

REPRESENTANTE. ¡Vaya, vaya! ¡Ya veo! *(Hablando disimulada-*
mente). ¡Vamos, Esteban, que ya nos vamos conociendo!

ESTEBAN. ¿Qué quiere decir?

REPRESENTANTE. Sea sincero conmigo, usted le ha echado para que no le robara el protagonismo en su discurso, ¿no es cierto?

ESTEBAN *se queda callado durante unos momentos y observa seriamente al* REPRESENTANTE.

ESTEBAN. ¿Usted sería capaz de hacer eso?

REPRESENTANTE. Lo que yo hiciera no tiene demasiada importancia aquí, ¿no le parece?

ESTEBAN. Contésteme, se lo ruego.

REPRESENTANTE. Dependiendo de la situación, yo sería capaz, y es más, en esta vida he hecho prácticamente cualquier cosa, se lo aseguro.

ESTEBAN. Exacto, estaba seguro de que usted sabría entenderme.

REPRESENTANTE. Entonces, ¿le ha echado usted?

ESTEBAN. En absoluto, he hecho algo mucho peor.

El REPRESENTANTE *permanece mirando a* ESTEBAN *con aire pensativo, en ese intervalo,* EL PÁRROCO *se acerca a ellos.*

EL PÁRROCO. Disculpen caballeros, ¿queda mucho para que comience su pequeña intervención? Tengo que hacer tres ceremonias después y voy algo justo de tiempo.

ESTEBAN. Créame que le entiendo perfectamente, señor párroco. Permita que tome unos breves minutos para hacer un último ensayito y ya podremos comenzar.

EL PÁRROCO. Apúrese por amor de Dios, se lo ruego.

EL PÁRROCO *se marcha.* ESTEBAN *suspira.*

ESTEBAN. Aunque no lo parezca, los nervios me están apretando el estómago de una manera atenazante.

EL REPRESENTANTE. ¡No me lo diga! Sé perfectamente lo que viene ahora y el lugar exacto al que se va a marchar.

ESTEBAN. ¿En serio? Iba a pedirle que me acompañara.

EL REPRESENTANTE. ¿Cómo? ¿Está usted loco? Es posible que hayamos convivido bastante, pero no tenemos el suficiente nivel de intimidad para eso y aunque la tuviéramos no suelo acompañar a la gente en esos momentos.

ESTEBAN. Tiene todo el sentido y lo entiendo, pero permita que insista, necesito la mirada de alguien profesional.

EL REPRESENTANTE. Estoy completamente seguro de que lo podrá hacer muy bien usted solo, simplemente preste atención a dejarlo todo limpio al final.

ESTEBAN. Sí, he incluido una conclusión potente, ¿de verdad que no puede estar usted conmigo en el ensayo del panegírico? No sabe cuánto le apreciaría.

EL REPRESENTANTE. ¿Pero no iba usted a hacer de vient...? ¿El ensayo? Claro, jeje el ensayo, por supuesto, el ensayo, naturalmente, naturalmente que lo acompañaré.

ESTEBAN. Estupendo, entonces, salgamos solo un momento fuera, quiero preparar el factor sorpresa y darle algo de solemnidad al asunto, además, así de paso voy al baño, creo que la tensión del momento me ha hecho tener un apretón.

EL REPRESENTANTE *se echa las manos a la cabeza y acompaña a* ESTEBAN *de mala gana, ambos salen de la sala. Este hecho no pasa desapercibido a* ELENA *y* ANTONIO *que se aproximan el uno al otro para comenzar a hablar.*

ELENA. ¿Y bien?

ANTONIO. Sigo pensando.

ELENA. Anoche parecías tenerlo todo claro.

ANTONIO. No te equivoques, estoy buscando un plan.

ELENA. Antonio, no quiero más triquiñuelas, esto solo tiene un camino.

LA MADRE *que ha estado observando, se acerca a la pareja que cambia su actitud radicalmente.*

ANTONIO. ¿Qué tal, mamá?

LA MADRE. Con ganas de acabar todo, si te digo la verdad, esto empieza a hacerse demasiado duro.

ELENA. Me imagino.

ANTONIO. Esteban está siendo hoy muy simpático conmigo.

LA MADRE. Le pedí que lo fuera.

ANTONIO. ¿Ah sí? Nunca lo hubiera dicho.

LA MADRE. Lógicamente hijo, la situación era insostenible.

ELENA. Es muy de agradecer.

ANTONIO. ¿Y cómo de sostenible ves cumplir la última voluntad de papá?

ELENA. ¡Antonio!

LA MADRE. Todo lo que tu padre quería es que nos lleváramos bien, lo sabes perfectamente.

ANTONIO. ¿Es eso lo que dice la declaración?

LA MADRE. Hay cosas más importantes que lo escrito en un papel.

ANTONIO. Las cosas poco importantes no necesitan ser escondidas, ¿no te parece?

ELENA. Seguramente deberíamos cambiar de tema.

ANTONIO. Estaría bien tener una respuesta antes.

LA MADRE. Elena tiene razón, ¿de qué estabais hablando?

ELENA. De cosas sin importancia.

LA MADRE. Se os veía muy agobiados para ser un tema sin importancia.

ANTONIO. Elena es muy elegante, la verdad es que sí que estábamos tocando un tema espinoso.

LA MADRE. Vaya, ¿y se puede saber cuál es?

ANTONIO. Dime, ¿qué te parecen las coronas de flores que ha encargado mi hermanito?

LA MADRE. ¿La verdad?

ANTONIO. Ya sé que en general te cuesta, pero sería lo suyo.

LA MADRE *mira fijamente a su hijo quien responde a su mirada desafiante, ante los preocupados ojos de* ELENA.

LA MADRE. Me parecen un auténtico bochorno.

ANTONIO. No me preguntes por qué, pero lo imaginaba.

ELENA. Pues yo no las veo tan mal, a mí me parece una idea muy original.

LA MADRE. No hija, no hace falta que disimules, los ramos son un despropósito lo mires por donde lo mires.

ELENA. En algunas exposiciones también se muestran cosas muy extravagantes y la gente lo llama arte. Tú debes haber visto de todo. ¿No, Antonio?

ANTONIO. De todo, pero tengo que reconocer que Esteban lo ha superado, aunque ciertamente, el contexto, no es exactamente el mismo.

ELENA. Al final, todo viene a ser una representación, no le veo tanta diferencia.

LA MADRE. Hombre, la diferencia viene a ser que nuestro Jesús está muerto.

ELENA. Disculpad, ya sé que esto suena muy bestia, pero mirad a nuestro alrededor, ¿cuánta gente hay aquí a quien realmente la muerte de Jesús no le importa? ¿Qué se supone que hacen aquí? ¿Es necesario todo esto?

LA MADRE. Es algo que se tiene que hacer y punto, por lo tanto es necesario.

ELENA. Es necesario despedirse, pero nadie dice que se tenga que hacer de una manera concreta, por lo tanto, si Esteban ha querido utilizar esos ramos de flores, no veo motivo para que no lo haga.

ANTONIO. Lo que más me ha gustado es que me ha dejado fuera de la inscripción , y bueno, también a ti. Es curioso que defiendas ese engendro.

ELENA. Pues ya lo ves, a veces la vida te da sorpresas...

ANTONIO. Por no hablar del detalle de mencionar a mamá en una corona separada...

LA MADRE. Tu hermano siempre ha sido muy particular y ha necesitado siempre recibir su reconocimiento diferenciado.

ANTONIO. Llegando a niveles patológicos.

ELENA. Voy a controlar a los niños, no paran de corretear y tienen loco al párroco.

ELENA *se retira y va en busca de sus hijos.*

LA MADRE. Creo que ha llegado la hora de que nos quitemos la careta.

ANTONIO. ¿No lo hemos hecho ya?

LA MADRE. ¿Recuerdas aquel día? Creo que tenías catorce años. Fue cuando te partiste una pierna en el camping de veraneo.

ANTONIO. Claro que me acuerdo, estuve jugando al fútbol con los del camping de al lado.

LA MADRE. Eso es lo que nos dijiste.

ANTONIO. ¿Cómo que es lo que os dije? Es lo que pasó.

LA MADRE. Te subiste al árbol centenario y te caíste.

ANTONIO. *(Emite una sonrisa mostrando cierta sorpresa).* ¡Vaya!

LA MADRE. ¿De verdad pensabas que nadie te iba a ver?

ANTONIO. Era joven e ingenuo.

LA MADRE. Lo sigues siendo.

ANTONIO. ¿Ah sí?

LA MADRE. Sí.

ANTONIO. Ese afán tuyo por tenerlo todo controlado es lo que te define, ¿verdad?

LA MADRE. Soy una madre y esto es una familia.

ANTONIO. ¿Esto es una familia?

LA MADRE. Supongo que para ti todo lo que no es perfecto, no es digno, pero la mayoría de las cosas no son ideales ¿lo sabes verdad?

ANTONIO. Y eso justifica que todo se sostenga con mentiras.

LA MADRE. Es curioso que seas tú precisamente quien diga eso.

ANTONIO. No sé muy bien qué es lo que te sorprende.

LA MADRE. Pues que todavía te sigues cayendo de algunas ramas, aunque me quieras contar otra cosa.

ANTONIO *mira con cara seria a su madre.*

ANTONIO. ¿Qué quieres decir?

LA MADRE. No te hagas el tonto, no te queda bien. Tu hermano Esteban fue siempre el menos inteligente de los dos.

ANTONIO *comienza a reír.*

LA MADRE. El más tonto y el más feo también, pero, ¿crees que ese tipo de cosas se puede decir? ¿Que se puede traumatizar a un niño? ¿Crees que acaso él no lo notaba aunque nunca se mencionara el tema?

ANTONIO. ¡Ah no, no no! Eso sí que no, la clásica excusa, para justificar que pueda comportarse como un gilipollas: es que la vida le trató mal, es que está traumatizado, es que le robaron su patito de goma de pequeño. Gilipolleces, no pienso pasar por ahí.

LA MADRE. Como siempre, Antonio, tú nunca quisiste pasar por el aro, y te fue muy fácil, siempre tuviste a tu padre de tu lado.

ANTONIO. Seguramente porque compartíamos valores.

LA MADRE. Lo que compartíais era vuestra afición por hacer lo que no debíais. Eso es lo que teníais en común. Por eso, tu padre te quiso siempre más a ti. No le des más vueltas.

ANTONIO. Y tú para compensar has querido más a Esteban.

LA MADRE. Te equivocas. Yo me vi obligada a tener compasión por él, que no es lo mismo. Sin embargo, él era obediente, y yo creo que que el esfuerzo siempre gana al talento. Así que con el tiempo ha aprendido a entenderse conmigo y a hacer las cosas bien.

ANTONIO. Me da bastante nauseas eso a lo que llamas hacer las cosas bien.

LA MADRE. Porque tú siempre crees que cuentas con la bondad absoluta y nos puedes juzgar desde tu supuesta superioridad moral, pero no eres mejor que nosotros en nada. De hecho, todo tu discurso es una patraña y pura incoherencia.

ANTONIO. ¿Qué estás diciendo?

LA MADRE. Lo que oyes, tengo el sueño muy ligero y me entero de todo aunque ronque.

ANTONIO. No te entiendo...

LA MADRE. Desde luego que me entiendes, lo veo en tus ojos, pero no te preocupes, no me enteré de nada que no supiera desde hace años.

ANTONIO. Parece que soy el último en saberlo todo.

LA MADRE. Junto con tu hermano, naturalmente, los hombres, da igual la edad, no os enteráis nunca de nada.

ANTONIO. Es nauseabundo. Has podido aguantar sabiéndolo todo y como si nada. ¿Pero qué tipo de persona eres tú?

LA MADRE. Soy tu madre y nosotros no nos diferenciamos tanto.

ANTONIO. Tú y yo no tenemos nada que ver.

LA MADRE. Claro que sí, cariño, porque no es lo mismo llevar una alegre vida de bohemio despreocupado que tener que apechugar con ejem, ciertos patinazos. Al final, todo consiste en una cuestión de prioridades, por eso, querido hijo mío, ya te lo digo yo, mantendrás la situación porque estoy segura de que en el fondo no quieres cambiar de vida, porque la pose de rebelde e integro está muy bien cuando no tenemos nada que arriesgar, pero la perspectiva cambia ligeramente cuando las circunstancias nos obligan a cambiarlo todo. ¿Verdad? De manera que deja de tocar las narices y repudiar a esta familia, porque tus actos demostrarán lo que estoy diciendo. *(Silencio)*. Voy a atender a los invitados y a buscar a Elena y los niños. Creo que ya empieza la ceremonia.

ESTEBAN *entra en el lugar de forma solemne, listo para proceder a realizar su discurso. Toda la sala se sienta y proceden a guardar un silencio reverencial. En la primera fila de bancos se sientan* LA MADRE, *junto a ella, los dos niños y al lado de estos,* ELENA. ANTONIO *permanece en una fila posterior totalmente abstraído. El párroco invita con un gesto a* ESTEBAN *a ocupar el altar.* ESTEBAN *sube y mira a la audiencia.*

ESTEBAN. Estimados amigos. En primer lugar quiero daros las gracias por acudir a este encuentro en el que despedimos a Jesús. En un día como este, sería lógico concentrarnos en el dolor, en el desgarro o en el llanto, pero yo he elegido no hacerlo. Y lo he elegido porque sé muy bien que no es lo que mi padre hubiese querido.

ANTONIO *se coloca en una banqueta justo detrás de* ELENA.

ANTONIO. *(Susurrando).* Vámonos.
ELENA. *(Susurrando aun más bajo).* ¡¿Qué dices?!
ANTONIO. Es el momento Elena, es ahora o nunca.
ELENA. ¿Y la niña?
ANTONIO. Nos la llevamos.
ELENA. ¿En serio?
ANTONIO. En serio, pienso asumir todo lo que venga.

Se escucha un siseo desde el público mandando a callar. ELENA *y* ANTONIO *guardan silencio de inmediato.*

ESTEBAN. Es fascinante pensar que cuando una persona se va, en realidad se van muchas personas: un amigo, un marido, un padre, un compañero, un jefe, un cliente. Sin embargo, en todos estos roles, en todos estos perfiles había una pauta común: la de ser alguien siempre cercano y bondadoso para todos aquellos que le rodeaban. Porque como dijo Benedetti: " Al fin y al cabo, la muerte solo es un síntoma de que hubo vida". Y es precisamente eso sobre lo que debemos centrarnos, no en llorar una muerte, sino en celebrar una vida. Porque al fin y al cabo, la vida es un misterio insondable y solo podemos saborear cada momento que nos ofrece como si fuera un elixir sagrado. Exprimiendo cada gota como si fuera la última, tal y como hizo Jesús, esta persona excepcional que siempre va a estar con nosotros. Después de todo, lo único que ha hecho es morir, nada más, pero no nos pueden arrancar su esencia, su recuerdo, su persona, la impronta que se ha dedicado a dejar allá donde iba.

Estoy seguro de que todos tendréis una imagen de Jesús. Permitid que comparta la mía. Recuerdo que en una ocasión siendo yo muy pequeño, me caí en un pozo casi seco.

ANTONIO. (*Hablando para sí, sin darse cuenta de que está diciendo las cosas en voz alta*). ¿Un pozo? ¡Pero si era un charco de medio metro! (*Empiezan a producirse miradas incómodas*).

ESTEBAN. Francamente no recuerdo cuánto tiempo estuve allí, creo que llegó un momento en el que dejé de llorar porque sencillamente ya no me quedaban fuerzas. Pensé que era el final, pensé que me quedaba allí que ya nunca saldría. Sin embargo, llegado un punto en el que no esperaba nada vi bajar algo que se impulsaba con cuerdas. Era él, era mi padre, me tomó en sus brazos y salimos de allí. Esos brazos para mí eran los brazos de un titán, de un ser casi sobrenatural. Eran brazos poderosos, mitológicos. En eso momento, entendí que un padre es por encima de todo un salvador. Alguien dispuesto a estar a la altura cueste lo que cueste.

Y no cabe duda, de que en todos y cada uno de los momentos que pasó por este mundo, él estuvo siempre a la altura. En cada acción que llevaba a cabo había algo de heroico, pero del mismo modo, también se hallaba una lección de vida que nos mostraba indirectamente. Esa es otra de las grandes fortunas con las que hemos contado su familia, sus seres cercanos y en general, todo aquel que se cruzó con él en algún momento. Creo que si tuviera que buscar una palabra que pudiera asociar con mi padre esa sería la generosidad. Él buscó ayudar a todo aquel que tenía al lado, si alguien tenía algún problema y estaba en su mano, ahí que andaba Jesús para solucionarlo. Creo que de algún modo, ayudar a los demás era una especie de deber o necesidad pero que al mismo tiempo le hacía muy feliz. Creo que vais a coincidir conmigo en que esta es una lección de la cual todos tenemos que aprender.

Os tengo que confesar que hace poco he sido conocedor de un detalle sobre él, que tal vez os pueda sorprender. Mi padre tenía una ilusión, algo así como una última voluntad que le hubiera gustado llevar a cabo. *(LA MADRE mira con cara de asombro a su hijo ESTEBAN).*

A mi padre le hubiera gustado tener el dinero suficiente para inaugurar un orfanato, desgraciadamente, las circunstancias no han permitido que pudiera llevar a cabo esa última voluntad, pero creo que este detalle es lo suficientemente revelador como para hacernos una idea de cómo realmente era. No, no hay, ni ha habido muchas personas como él. De eso no cabe duda. Él representaba los valores, la justicia, la ejemplaridad. Sabía diferenciar aquello que era correcto de aquello que era fácil. Para él la coherencia y la ética lo eran todo, y al igual que Sócrates, estoy seguro, creedme, estoy completamente seguro de que se hubiera dejado ejecutar antes de haber tenido que renunciar a sus principios. Sin embargo, sí que hay otra voluntad que he podido llevar a cabo. La de reconciliarme con una persona que ha sido fundamental en mi vida. Mi hermano, Antonio, este discurso es para él, pero sobre todo es para ti. Es el momento de decirlo, aquí, ahora, delante de toda esta amigable audiencia, frente a nuestra querida madre, mi adorada esposa y mis hijos, tus sobrinos te lo digo: ¡Te quiero hermano!

LA MADRE *suspira aliviada.*

ANTONIO. ¡Hijo de puta! ¡Hijo de puta! ¡Hijo de puta! Esto es la gota que colma el vaso. ¿Sabes lo que eso significa, lo sabes verdad? Vamos, Elena, nosotros no tenemos nada que ver con esto, con esta farsa. Este es el plan: yo saldré ahora como si fuera al baño, a mi hermano se la va a pelar que yo me ausente. Justo cuando llegue el final del discurso te vienes con Gisela, Esteban estará muy entretenido recibiendo felicitaciones, tenemos el tiempo justo para hacerlo.

ELENA. No lo sé, tengo dudas.

ANTONIO. ¿Dudas?

ELENA. Sí, dudas, por qué tenemos que hacerlo todo de golpe

ANTONIO. Porque mi hermano y mi madre nunca te dejarán ir y porque no quiero estar aquí cuando todo esto acabe. (*De nuevo se escucha el siseo*).

ESTEBAN. Sí amigos, ese era nuestro padre, ese era Jesús.

Todos sabemos que cuando alguien fallece lo habitual es resaltar las cosas positivas que tenía esa persona y ocultar las negativas. Pero yo en este momento no os quiero ocultar nada, mi padre tenía un gran defecto: era incapaz de pensar en sí mismo ni siquiera cuando era necesario, solo se podía centrar en los demás. Y a mí esto, me hace recordar la tradición por la cual se ofrecen flores a los difuntos. Originalmente, en la antigüedad se cubrían a los difuntos con flores porque de esa manera se tenia la esperanza de conservarlos durante más tiempo en su estado original: frescos y resplandecientes. Al fin y al cabo se trataba de tener una última visión del fallecido embellecida; lamentablemente, esto también tiene un problema: las flores son caducas, las flores también están condenadas a marchitarse en algún momento. Os tengo que confesar que en las últimas horas he estado pensando mucho en esto. Los que me conocen lo saben. Y yo, sencillamente me negaba, sí, me negaba a que mis ramos de flores acabaran marchitándose, acabaran siendo algo prescindible, algo que desapareciera y que con esa desaparición de las flores el recuerdo de mi padre se borrara definitivamente.

Y precisamente por ese motivo, no podíamos encargar una corona de flores al uso. Porque sencillamente me niego a que su recuerdo se marchite, porque él merece más que eso y porque siguiendo la estela de Alejandro Magno yo quería que en su último instante su espíritu estuviera cubierto por la gloria pero también por la dulzura, y para ello, hemos decidido traer hoy aquí esta corona de flores comestibles, sí, sí comestibles para que el recuerdo de Jesús se quede literalmente dentro de nosotros y nos deje un buen sabor de boca.

Por eso os pido que seáis todos participes de un singular rito: me gustaría que os acercarais de uno en uno, toméis un pétalo, os lo llevéis a casa y una vez allí os lo traguéis. Así que, si por favor, sois tan amables, venid, venid todos y todas, no tengáis miedo. Venid y tomad, llevadlo con vosotros. Porque no hay mejor sitio al que marcharse. Porque en definitiva, mis queridos amigos y amigas, alguien muy sabio dijo una vez que una vida que no se entrega a los demás no merece ser vivida, y este es el último y definitivo gesto de entrega de nuestro querido Jesús. No podéis rechazadlo.

Se van acercando. Los primeros son los niños. Toman un pétalo y se lo llevan, tras esto, empieza a formarse una cola con los presentes.

ESTEBAN. Eso es amigos, no tengáis miedo, no os quedéis atrás, sed participes. Tomad ejemplo.

En ese momento, LA MADRE *se levanta, se acerca hacia el lugar donde está* ESTEBAN *y comienza a decirle algo al oído.*

ANTONIO. Se lo está diciendo.
ELENA. ¿Tú crees?
ANTONIO. Disimula, ponte en la cola conmigo.

ANTONIO *y* ELENA *se colocan en la cola.* ESTEBAN *y* LA MADRE *continúan hablando de forma algo confusa.*

ANTONIO. Vienes conmigo, coges una de esas flores nos perdemos entre la multitud y salimos.

ELENA. Esto no puede salir bien.

La cola sigue avanzando de forma que ANTONIO *y* ELENA *se colocan a la altura del ramo, cogiendo cada uno un pétalo. Al acercarse, es posible oír la conversación entre* ESTEBAN *y* LA MADRE.

LA MADRE. De manera, que si quieres hacer esta mamarrachada hazla, pero con la corona que pone tu nombre porque la gente está cogiendo el pétalo de la mía. No me importa lo que hagas, pero haz algo y hazlo ya.

ANTONIO *y* ELENA *se pierden entre la multitud con destino a la puerta de salida.*

ESTEBAN. Amigos, amigas, ha habido un pequeño malentendido, la corona de flores de la cual tenéis que coger el pétalo es la de la izquierda, repito, la de la izquierda. Con lo cual, os pido encarecidamente que volváis a dejar los pétalos en la corona derecha. ¡Repito! ¡Por favor, se ruega a todas las personas que han cogido un pétalo de la corona derecha vuelvan para depositarlo en su lugar! ¡Venga, no os hagáis los remolones!

Se vuelve a formar una cola pero esta vez para volver a dejar los pétalos arrancados en medio de una evidente confusión. ANTONIO *y* ELENA *casi han alcanzado la puerta de salida.*

ELENA. Antonio, ¡Espera! *(ELENA se para).*

ANTONIO. No hay tiempo, Elena.

ELENA. Hay algo que quiero contarte.

ANTONIO. Después.

ELENA. ¿Conoces la fábula del murciélago y la comadreja?

ANTONIO. ¿De verdad crees que estamos para cuentos?

ELENA. Es la historia de un murciélago que cae en diferentes trampas y se tiene que enfrentar a varias comadrejas que se lo quieren comer.

ANTONIO. Elena, voy a abrir la puerta.

ELENA. El murciélago primero dice que es un ratón porque la primera comadreja come murciélagos.

ANTONIO. Elena, ¿Vas a venir conmigo?

ELENA. Después dice que es un pájaro porque la segunda comadreja come ratones.

ANTONIO. ¡Elena!

ELENA. Esta vida nos obliga a adaptarnos a las situaciones, Antonio, y esta familia es imperfecta, pero siento que es mi familia.

ANTONIO. *(Agarra el brazo de* ELENA *disimuladamente).* ¡Elena!

ELENA. *(Soltándose con suavidad).* Lo siento, Antonio, tengo que devolver mi pétalo.

ELENA *se gira y se coloca en la cola para devolver el pétalo, tras una corta espera, lo hace y vuelve a su banqueta.* ANTONIO *se queda petrificado sin poder reaccionar, completamente inmóvil y aturdido junto a la puerta de salida, quedando así incluso cuando ya todo el mundo ha vuelto en su sitio.*

ESTEBAN. Querido hermano, antes de ir al servicio o allá donde tengas que ir, ¿serías tan amable de volver a dejar el pétalo en su ramo? Por favor.

ANTONIO *camina de manera ausente hasta que coloca de nuevo el pétalo en su sitio tras esto se sienta en una banqueta.*

ESTEBAN. *(Para sí mismo).* Siempre dando la nota...

OSCURO.

EPÍLOGO.

Un coche fúnebre conduce a velocidad reducida mientras tras él marcha a pie la familia al completo y EL REPRESENTANTE. *La comitiva camina en filas separadas: en primer lugar están* ESTEBAN *y* EL REPRESENTANTE, *unos metros por detrás* LA MADRE *Y* ELENA, *y, finalmente;* ANTONIO *con los niños. En la parte superior del vehículo aparece la corona de* ANTONIO, *la corona de* LA MADRE *y la corona de* ESTEBAN *desprovista de los pétalos comestibles.*

EL REPRESENTANTE. Hágame caso, eso de llevar el féretro a pulso ya ha quedado obsoleto, ni punto de comparación.

ESTEBAN. No me había planteado esa opción en ningún momento, teniendo en cuenta que lo hubiera tenido que cargar con mi hermano.

EL REPRESENTANTE. No acabo de entender esa animadversión hacia su hermano, parece un tipo muy dicharachero.

ESTEBAN. Un encantador de serpientes, lo que yo le diga, pero en el fondo no es trigo limpio. Creo que nunca aceptó que fuera el hermano preferido.

EL REPRESENTANTE. ¡Esas cosas son difíciles de llevar! ¿Y dice usted que su padre en ocasiones era distante con la familia?

ESTEBAN. Así es, algunas veces.

EL REPRESENTANTE. Jamás lo hubiera dicho, con lo maravillosos que son ustedes.

ESTEBAN. Eso pienso yo, pero así fueron las cosas.

LA MADRE. *(A* ELENA *en voz baja).* Menos mal que tenías esas gotas hija, no sabes lo cansado que es estar todo el tiempo disimulando las lágrimas.

ELENA. Como tú muchas veces sueles decir: "Hay que estar pendiente de todo, porque no podemos esperar que los hombres lo hagan".

LA MADRE. Fíjate, y yo que dudaba que no ibas a estar a la altura, ¡qué equivocada estaba contigo y cuánto me avergüenzo ahora!

GISELA. Tito, anoche tuve un sueño raro cuando estábamos velando al abuelo.

ANTONIO. ¿Qué sueño es ese?

GISELA. Soñaba que venía alguien a decirme que papá no era papá y que tú no eras mi tito.

ANTONIO. Vaya lío, ¿no Gisela?

GISELA. Era como, en plan, que tú eras mi padre y no mi tío y entonces papá pues como que no era mi padre.

ANTONIO *se queda mudo y petrificado.*

SALVADOR. Al final, te tuviste que beber ese Monster.

ANTONIO *ríe con cierto alivio.*

ANTONIO. Tu hermano tiene razón, esas bebidas no te permiten tener un sueño profundo. Seguramente será por eso.

GISELA. Pues eso será, pero por favor no le digas a nadie que me bebí el Monster.

ANTONIO. No te preocupes, tu secreto está a salvo conmigo.

GISELA. ¿Sabes, tito? Me alegra que solo fuera un sueño, siempre serás mi tito favorito. *(A SALVADOR).* ¡Y a ti como te chives, te meto eh!

GISELA *se adelante y se pone a la altura de su abuela y su madre.*

SALVADOR. Tito, ¿Qué crees que estaría haciendo el abuelo si pudiera vernos?

ANTONIO *se muestra pensativo y tras unos momentos contesta.*

ANTONIO. Sinceramente Salva, creo que ahora mismo se estaría riendo de todos nosotros.

OSCURO FINAL.

FRANCO, EL RETORNO
oda hagiográfica en tres actos

Javier Berger

PERSONAJES

PACO. Viejito entrañable. Cabeza de cerillo, voz aflautada, bajito y barrigón. Amante de la caza, la pesca, la pintura y la fotografía.   Odia el juego. Valeroso hasta la inconsciencia. Apolítico. Supersticioso, temeroso de dios y de la masonería. Célibe y austero. Castrense y descendiente de los cielos. Elegido para emprender una cruzada contra los ateos, los rojos y los masones. Católico, apostólico y español..

CARMEN. Mujer de Paco. Un palillo largo y lleno de tendones. Una señora de armas tomar, cuidadora de su esposo. Amante de las joyas, las perlas y las pocas facturas. Fumadora empedernida. Astuta, decidida, llena de energía, materialista. Codiciosa y ahorradora. Si fuera necesario se lanzaría al fango a recoger una moneda con los dientes. Sin pelos en la lengua, quizás un poco de bigote. Bajo la apariencia estricta, seca y amargada se esconde el fuego de España.

ACTO I

Cuadro 1

En la oscuridad un viejo gramófono crepita. Reproduce una conocida comparecencia pública.

GRAMÓFONO. Atención españoles, habla el presidente del gobierno Don Carlos Arias Navarro: "Españoles, Franco ha muerto. El hombre de excepción que ante Dios y ante la Historia asumió la inmensa responsabilidad del más exigente y sacrificado servicio a España ha entregado su vida quemada día a día, hora a hora, en el...

Luz tenue. Un simpático vejete de voz aflautada, PACO, *en pijama junto al gramófono juega con el brazo del mismo y la grabación.*

GRAMÓFONO. Españoles, Franco ha muerto. El hombre de excepció... Españoles, Franco ha muerto. El hombre... Españoles, Franco ha muerto... Españoles, Franco... Españoles, Franco... Españoles, Franco... Españoles... Españoles... Españoles...Español...Españ.. Españ.. Españ...Espa...Espa...Espa.

El vejete ríe, mientras sigue jugando con el brazo del tocadiscos. Oscuro.

Cuadro 2

Dormitorio austero. Dos camas de caoba y bronce. Una colcha de seda desteñida de color verde manzana. Un flexo en cada mesita de noche, una repisita entre ambas camas con un teléfono blanco de baquelita. Una gigantesca araña colgada del techo. Un mueble oratorio con la mano incorrupta de Santa Teresa. CARMEN, *una vieja seca y elegante, vestida con su camisón negro, con un cigarrillo en los labios, junto a la cama de* PACO *que duerme.*

CARMEN. Arriba, Paco.
PACO. ¡Arriba!
CARMEN. Venga, despierta.
PACO. Corre, corre, que se me pegan las sábanas al culo.

CARMEN *ayuda a levantarse a* PACO.

PACO. Ahueca la almohada. Lávame las legañas con manzanilla. Ayúdame con los estiramientos. Haz la cama. Hazme el desayuno. No esperes. Vamos, vamos que se levantan los golpistas a mis pies. ¡Arriba!
CARMEN. *(Cariñosa).* Ay, mi Paquito.
PACO. ¿Lo hice bien?
CARMEN. ¿Qué?
PACO. Todo.
CARMEN. ¿Todo qué?
PACO. ¿Si lo hice bien?
CARMEN. Anda, vamos a desayunar.
PACO. Dime, dime, dime.
CARMEN. ¿Qué?
PACO. Dime que lo hice bien.
CARMEN. Lo mejor que pudiste.
PACO. No es mucho.
CARMEN. ¿Quieres cereales?

PACO. No me querían.

CARMEN. Sí te querían.

PACO. No, intentaron matarme. Me odiaban. Intentaron matarme. Muchas veces. Pero eran torpes. ¿Qué esperaban que hiciera?

CARMEN. Anda ven a desayunar. Te he preparado un té especial...

PACO. No puedo con los excitantes.

CARMEN. Por un día.

PACO. No, quiero yogur.

CARMEN. Paco.

PACO. Y ciruelas.

CARMEN. Es té inglés.

PACO. No puedo con los ingleses.

CARMEN *se acerca a* PACO. *Lo abraza. Lo besa.*

CARMEN. Ay, que sigue con sus pesadillas.

PACO. Por las mañanas no. No, no, no me toques tanto por las mañanas, que estoy limpio del pecado original y tú me lo devuelves.

PACO *se aparta de* CARMEN. *Pone de nuevo el disco.*

GRAMÓFONO. Españoles, Franco ha...

CARMEN. Paco, déjalo. Lo vas a romper.

PACO. ¿Qué más da?

CARMEN. Es lo único que nos queda.

PACO. ¿Qué sabrás tú?

CARMEN. No hables así, Paco. No hables así.

PACO. Calla, urraca.

CARMEN. ¡Paco!

PACO *se arrodilla. Abre su camisa de pijama.*

PACO. Lo siento, lo siento, lo siento. Por mi culpa, por mi culpa, por mi grandísima culpa. Jesusito de mi vida, eres virgen como yo, por eso ahora y en la hora de nuestra muerte, amén. Entonces... ¿lo hice bien?

CARMEN. Sí, Paco, sí.

PACO. Tengo hambre. Tráeme el desayuno. Anda.

CARMEN. Pero...

PACO. Y deja de fumar. Aquí en el tálamo está prohibido. Qué vicio más asqueroso has tenido siempre, tan vulgar.

CARMEN. Sí, Paco, sí.

PACO. No te olvides freír mucho el bacon... Me encanta.

CARMEN. Y yo soy la de los vicios asquerosos.

PACO. No compares, un buen español disfruta con el chisporroteo del aceite, con el olor de la fritanga, con los chillidos de los gorrinos en el matadero. Y no esa costumbre norteamericana de fumar cigarrillos.

CARMEN. ¿Bacon entonces? Ba-con.

PACO. Sí, calla. Vete.

CARMEN *va a salir.*

PACO. Carmen, ¿cuál es el secreto para no errar un tiro?

CARMEN. *(Hastiada).* Acertar.

PACO. Exacto.

PACO *se ríe y se tumba en la cama.*

CARMEN. *(A público).* Desayuno: yogur y una ciruela.

PACO. Aperitivo: un zumo de naranja.

CARMEN. Almuerzo: menestra, 150 gramos de pollo y dos ciruelas.

PACO. ¿Puedes cambiar el pollo por perdiz?

CARMEN. Sí.

PACO. Gracias.

CARMEN. Truchas de 20 kilos.

PACO. Atunes de 300.

CARMEN. Ciervos de 250.

PACO. Ballenas de 20.000.

CARMEN. Y en el plato 150 gramos de pollo. A diario.

PACO. Mi cocinero así lo quiere.

CARMEN. Merienda: infusión y galletas.

PACO. Porque así se lo mando.

CARMEN. Cena: sopa juliana.

PACO. De sobre.

CARMEN. Merluza hervida y ciruelas.

PACO. Ciruelas, más ciruelas, ciruelas, más ciruelas.

CARMEN. Más ciruelas. Paco, el estreñido de España, por la gracia de Dios, así debería haber acuñado las monedas...

PACO. Y los sábados por la tarde a ver "Raza" , en la sala de proyecciones.

CARMEN. Todos los sábados. De todo el año durante treinta y cinco años. Yo debería haber atentado contra ti. Yo.

PACO. Ahora sí, Carmen, ahora sí...

PACO *se baja el pantalón del pijama y sale corriendo.* CARMEN *aprovecha para arreglar las camas. Une las dos y quita la mesita de noche que las separa, mientras:*

CARMEN. Dios, treinta y cinco años la misma colcha. *(No se molesta en cambiar las sábanas ni las toallas).*

Voces del pueblo que gritan: "¡Paco! ¡Paco! ¡Paco!" CARMEN *da unos pasitos de baile al compás de los gritos de la multitud.* CAR-MEN *termina de hacer la cama. Vuelve* PACO *abrochándose los pantalones.*

CARMEN. ¿Qué?

PACO. Ni me hables.

CARMEN. ¿Pudiste?

PACO. No hay manera.

CARMEN. Habrá que aumentar el consumo de ciruelas.

PACO. Repasemos mi vida y obra.

CARMEN. Espera, que te has dejado fuera el...

CARMEN *ayuda a* PACO *a remeter el pantalón de pijama.*

PACO. Da igual.

CARMEN. No, Paco, no.

PACO. Vale. Ahora: vida y obra.

CARMEN. ¿Otra vez?

PACO. ¿Hay algo mejor que pasar el día rememorando mis ilustres tardes?

CARMEN *se contonea frente a* PACO.

CARMEN. Ya sabes...es temprano, y por la mañana es cuando estoy más...

PACO. *(Con aires militares).* Uno: ascendientes. Dos: infancia...

CARMEN. Mierda, mierda y mierda.

PACO. Tres: adolescencia. Cuatro: la espera; el principio del fin; la guerra; la prensa y los cojones; primero de abril, la liberación; entrevista con Adolfo; la posguerra; La autogestión de la patria...

CARMEN. O lo que queda de ella.

PACO. Desarrollo económico; ascensión al páramo de los elegidos. Doce: muerte. Trece: despedida y cierra España.

CARMEN. El trece da mala suerte.

PACO. Me salto lo de Adolfo y listo: doce, como los apóstoles.

CARMEN. Sáltate todo y no tenemos que soportar esto, ni tú ni...

PACO. ¡Dos: la infancia!

CARMEN. Será uno: ascendientes.

PACO. Los odio, eran asquerosos.

CARMEN. Así entenderemos tus quiénes y tus porqués.

PACO. ¡He dicho, la in-fan-cia!

PACO *se pone un babero infantil y toma aires de poeta en fiesta de fin de curso.*

PACO. Mi infancia son recuerdos de un patio de Sevilla.

CARMEN. ¿Qué tonterías dices, Francisco?

PACO. Mis recuerdos, un patio. Sevilla, su luz. Los geranios, su olor.

CARMEN. Al que le robaste esos recuerdos tuvo que salir de España.

PACO. Ah, un masón asqueroso.

CARMEN. Como tu padre.

PACO. No sigas por ahí.

CARMEN. Machado, un poeta.

PACO. Peor que masón, un marica.

CARMEN. Marica era Lorca.

PACO. Un chupapollas de rojos y niños.

CARMEN. ¿Y Salinas?

PACO. Un proyanqui que se fue al Caribe. ¿Qué exilio es ése?

CARMEN. ¿Hernández?

PACO. Un republicano castigado por alinearse con el infierno.

CARMEN. ¿Cernuda?

PACO. Un mariconazo que se las agarraba con papel de fumar, un asqueroso señoritingo medio inglés. Odio a los ingleses.

CARMEN. ¿Y Juan Ramón Jiménez?

PACO. Otro yanqui, zoófilo, amante de los burros, que huyó cuando perdían la guerra.

CARMEN. ¿Alberti?

PACO. Un marxista sin talento y asesino de curas.

CARMEN. ¿Buñuel?

PACO. Un afrancesado, hereje y blasfemo. Asesinos de la patria todos. ¡Que maten a los poetas!

CARMEN. Cálmate, Paco.

PACO. ¡Que muera la inteligencia! ¡Viva la muerte! En España no hay maricones, si nos topamos con uno les pegamos una paliza y los enviamos a Francia.

CARMEN. Infancia, nene, infancia.

PACO. Hostia puta, es verdad.

CARMEN *juega a ser madre.* PACO *juega a ser niño.*

CARMEN. Esa boca, Paquito.

PACO. Perdona, mamá. Me la lavaré con agua bendita.

CARMEN. ¿Paquito has rezado?

PACO. Sí, mamá.

CARMEN. No me lo creo.

PACO. Que sí. Que sí.

CARMEN. No te creo.

PACO. Vale, vale.

(Reza).

"Que nada te turbe,
que nada te espante.
Todo se pasa.
Dios no se muda.
La paciencia
todo lo alcanza.
Quien a Dios tiene,
nada le falta.
Sólo Dios basta"

CARMEN. Muy bien Paquito, ahora a dormir.

CARMEN *besa a* PACO *en la frente y lo ayuda a desvestirse.*

PACO. ¿Y papá, dónde está?

CARMEN. Jugando, quemando iglesias y follando con otras.

PACO. ¿Y no te importa, mamá?

CARMEN. Son pruebas que nos manda Dios, y si así lo quiere Él, nada podemos hacer, cerillito mío.

PACO. *(Cortando el juego).* Mi madre no me llamaba cerillito.

CARMEN. Cabezón de mamá, ¿qué te pasa?

PACO. *(Llorón).* Mamá, me llaman cerillito.

CARMEN. Ingresa en infantería.

PACO. Quiero entrar en la marina.

CARMEN. Eres muy torpe mi niño, infantería mejor, que es para idiotas como tú.

PACO. Así me vengaré de todos, los someteré, llenaré los campos con sus cadáveres, sembraré en sus familias el terror, los pondré delante de un paredón frente a los rifles y les diré: ¿ahora quién es el cerillito, quién? ¿Eso es lo que quieres, mamá? Dime que sí, mamá, dime que sí.

CARMEN. *(Canta).*
Ay, mi Paco, Paquito,
qué cosas tiene mi chico,
con esa voz de pito.

PACO. Mamá, papá ha muerto.

CARMEN. ¿Qué?

PACO. Un hombre acaba de decírmelo.

CARMEN. ¿Dónde? ¿Cómo?

PACO. En la calle...

CARMEN. ¿Cómo?

PACO. Lo encontraron en la cama...

CARMEN. ¿Dónde? ¿Cómo?

PACO. *(Dejando de jugar).* Pasamos al número tres: mi adolescencia.

CARMEN. Murió follando con otra, bueno con una de sus decenas de amantes. Empalado en coño ajeno, sudado en cama que no lo pertenecía, con la sonrisa puesta en pleno goce del adulterio.

PACO *tiene las manos en los oídos, para no escuchar. Tararea el himno de España.*

CARMEN. Con 17 años, a Marruecos... Para ascender rápido.

PACO *deja de cantar. Se sube a la cama como si fuera un barco.*

PACO. Dar palos, presenciar la muerte sin mover un músculo. Forjar el héroe del futuro a base de acciones rápidas y violentas.
CARMEN. Méritos contraídos en hechos de armas, operaciones de servicios nada concretos.
PACO. Mira, África...
CARMEN. ¿Dónde?
PACO. Allí, al fondo. Sube.

CARMEN *sube a la cama.*

CARMEN. Maldita África. África fue mi espera.
PACO. Entré en África y África entró en mí.
CARMEN. Me estás dando envidia, África entró en mí... qué sugerente.
PACO. Muy de tu estilo cabaretero. Eso es lo que siempre has sido, una zorra de cabaret. No sé cómo no cantas cuplés.
CARMEN. Qué sabrás tú de eso...
PACO. He viajado.
CARMEN. Ah, claro, África... Rodeado de tu guardia mora, cómo te lo tuviste que pasar, menudo bribón. Así no querías volver de África.
PACO. La guerra duraba.
CARMEN. Y yo te esperaba en el altar.
PACO. El país me esperaba.

CARMEN. Una mierda, tu carrera.

PACO. Es lo mismo.

CARMEN. No eras así cuando te conocí paseando por aquel bulevar. Mis primas te señalaron.

PACO. ¿Aquellas urracas eran tus primas?

CARMEN. ¡Paco! Yo era tan joven y tan inocente.

Bajan de la cama. CARMEN *ríe y le cede la mano.* PACO *la besa.*

PACO. *(Galante).* Permítame saludar a estas cuatro rosas que campean fuera del jardín por este paseo ovetense que tan grandes hombres dio a la gloriosa historia de nuestra patria.

CARMEN. Eres el comandante que siempre me ronda.

PACO. Paco.

CARMEN. Vencida me tienes.

PACO. Vencer no es convencer...

CARMEN. Carmen.

PACO. Tengo la fuerza, pero me falta la razón.

CARMEN. Sería un suicidio, Paco. Mi padre cree que es una salvajada anticristiana, una estupidez. Te ha fusilado sin formación de proceso.

PACO. Sin causa.

CARMEN. Son horribles las cosas que cuentan de África, sería como estar casada con un torero.

PACO. Qué mejor maridaje que la tauromaquia y la mentalidad cuartelera.

CARMEN. La sacristía nos espera.

PACO. Eso deseo, Carmen. Soy católico, tradicionalista y español. No tienes nada que temer. ¡Bésame! Déjame sentir tus jóvenes labios en mi bigote.

CARMEN. No lo estropees con groserías.

PACO. Dame un recuerdo para tener en el frente.

CARMEN. No vayas tan ligero de cascos.

PACO. Vamos, dámelo... Que huela a ti, que frente a los moros pueda saborearte.

CARMEN. No me arrastres a la perdición.

PACO. Carmen, el gobierno que se avecina va a ser la muerte de las tradiciones, de la grandeza del hombre, de nuestras creencias más profundas, todos los que no estén conmigo no volverán, no podrán volver, como no sea para vivir aquí desterrados y envilecidos. Y yo me encargaré de que así sea.

CARMEN. Pobre España, pobre España.

PACO *levanta el teléfono de la mesita de noche.*

PACO. Carmen.

CARMEN. Paco.

PACO. Hola.

CARMEN. Va a ser difícil.

PACO. Estás preciosa.

CARMEN. Qué bien hablas.

PACO. Me inspiras.

CARMEN. Me gusta.

PACO. Me puedes enseñar tu...

CARMEN. No sé.

PACO. ¿Y el otro?

CARMEN. ¿Qué más te gustaría ver?

PACO. Tu cuello. Tu nuca.

CARMEN. Sí. Qué maravilla.

PACO. ¿Y tu barriguita?

CARMEN. Sí.

PACO. Quítate el chaleco negro.

CARMEN. No llevo sujetador.

PACO. Más excitante.

CARMEN. Te queda mucho por conocer.

PACO. Suéltate el pelo. Por favor.

CARMEN. Sé discreto.

PACO. Me iré pronto. Quítate el vestido.

CARMEN. Abrázame.

PACO. Baja tu vestido.

CARMEN. Necesito un cigarro.

PACO. Estoy al borde de un abismo.

CARMEN. De mi abismo.

PACO. En el límite.

CARMEN. Qué maravilla.

PACO. Te adoro.

CARMEN. Te recuerdo.

PACO. Te necesito.

CARMEN. No te vayas.

PACO. Me enamoras.

CARMEN. Me vuelves loca. Me pierdes.

PACO. ¿Y tus piernas, y tu espalda, y tus suspiros, y tus manos?

CARMEN. Para ti.

PACO. Muérdeme, en los labios.

CARMEN. Que suerte tenemos.

PACO. Los dos.

CARMEN. Sí.

PACO. Deja de fumar. Tócame. Está enorme. Acaríciame.

CARMEN. Me va a dar algo.

PACO. Estoy temblando.

CARMEN. Vuelve pronto. De África.

PACO. Me encantas.

CARMEN. Un día lo repetimos, frente a frente.

PACO. Sin el teléfono.

CARMEN. Te esperaré.

PACO. Mantén blanco tu vestido.

CARMEN. Sí.

PACO *cuelga el teléfono.*

CARMEN. Estábamos predestinados.

PACO. *(Jugando).* Chiste, chiste...

CARMEN. Pero... ¿Ahora?

PACO. El del colegio, el del colegio.

CARMEN. Está bien. A ver Jaimito, ¿quién ganó la batalla de las Termópilas?

PACO. Franco.

CARMEN. ¿Quién ganó la batalla de las navas de Tolosa?

PACO. Franco.

CARMEN. ¿Quién descubrió América?

PACO. Franco.

CARMEN. ¿Sabe usted que ha dado todas las respuestas mal?

PACO. ¿Sabe usted que me está resultando un poco rojillo?

Ríe, ríe. CARMEN *se desespera. Se acerca al gramófono, quita el disco y pone otro.* PACO *queda escuchando en silencio.*

GRAMÓFONO. Con profundo sentimiento doy lectura al comunicado siguiente. Día 20 de noviembre de 1975. Las casas civil y militar informan a las 5.25 horas, que según comunican los médicos de turno su excelencia el generalísimo acaba de fallecer por parada cardíaca como final del curso de su shock tóxico por peritonitis. Posteriormente será facilitado un comunicado médico detallado...

PACO. No, no, nooooo. *(Aparta a* CARMEN *del gramófono. Arranca el disco, lo parte en pedazos, desordena la habitación enloquecido).* No, no, no. Caudillo; generalísimo de los ejércitos del aire, mar y tierra; jefe del Estado; jefe de la junta Política; jefe del gobierno y presidente del consejo de ministros; jefe nacional de la Falange; Juez supremo; capitán general de los ejércitos y de la marina; y ante todo, jefe supremo del movimiento salvador por el anhelo de un pueblo entero dada la insuperable dirección con competencia y valor como conquistador de laureles que asombraron al mundo entero. No, no, no.

PACO *se derrumba a llorar en el suelo, junto a su estropicio doméstico e histórico.* CARMEN *acerca un balde, espuma de afeitar y una navaja. Le da la mano a* PACO*, lo sienta en la cama. Limpia su cara, le aplica espuma.* PACO *apoya el cuello en la bacinilla.* CAR-MEN *va afeitando a* PACO.

CARMEN. ¿Cuántos habrían dado su vida por estar aquí, ahora, con la navaja en tu cuello?
PACO. No digas tonterías.
CARMEN. ¿Cuántos?
PACO. No sé.
CARMEN. ¿Cuántos?
PACO. Alguno habría.
CARMEN. ¿Cuántos?
PACO. Decenas... no sé.
CARMEN. Miles, o cientos de miles, millones quizás.
PACO. Tomé una nación abandonada a la voracidad del internacionalismo marxista , atomizada y presa del pánico que engendran la anarquía y el crimen organizado de las mismas alturas del poder con una estructura político y social hecha astillas y en liquidación total del cuerpo desmedulado y anémico de Europa que arrojaba sobre nuestra nación.
CARMEN. ¿A quién le cuentas eso?
PACO. A ellos.
CARMEN. Pues que se lo traguen ellos.
PACO. Pero...
CARMEN. Suficiente tengo yo con soportar tu nulo mete y saca mensual.
PACO. Calla. No me calientes...
CARMEN. ¿A ti? No hay manera.
PACO. Creí que nunca te interesó.
CARMEN. ¿Por qué siempre has follado tan mal?
PACO. Sólo quería extirpar el cáncer de la inmoralidad, si quería conseguir una patria grande, vigorosa.
CARMEN. Ja, usa otra palabra, anda.
PACO. Sigue con tu espectáculo de variedades.

CARMEN. Perdona... "y anémico de Europa que arrojaba sobre nosotros", o algo así.

PACO. Eso decían los médicos. ¡Yo soy un militar! ¿por qué tendría que haber dudado de ellos?

CARMEN. Decían lo que querías oír, y a los que no, los callabas.

PACO. ¿A ti te faltó algo?

CARMEN. No.

PACO. ¿Y a tus amigas?

CARMEN. No.

PACO. Hice lo que pude.

CARMEN. El poder, Paco, el poder. Si lo agarras, no lo sueltas.

PACO. *(Canta).*

Pecador no te acuestes,
nunca en pecado,
no sea que despiertes
ya condenado.

CARMEN. Todo era pecado.

PACO. Todo lo que es pecado, es pecado.

CARMEN. Qué grande eres maestro, sólo te faltaba morir en la plaza.

PACO. Necesitas tu ración.

CARMEN. Sí, en el culito, que he sido mala. Acércate.

CARMEN *se desviste.*

PACO. Debería depilarme el entrecejo.

CARMEN. Qué tontería.

PACO. Estaría más guapo.

CARMEN. Más despejado.

PACO. Entonces... hazlo.

Deja de desnudarse, comienza la depilación del entrecejo.

CARMEN. Me gustaría que me hubieras montado alguna vez

por detrás como los perros, como un salvaje, embistiéndome como un toro loco, con tu verga chorreando, sin mirarme tan siquiera a los ojos.

PACO. Zorra.

CARMEN. No esos tres minutos de conejo rabioso a oscuras sin desnudarte y con la sábana cubriendo mi cuerpo, con una ranurita para mi raja y... listo. ¿Tan poco te gustaba?

PACO. Así lo hacía el jefe del Estado.

CARMEN. Y después de la niña, nada. Ni un roce.

PACO. No quería más descendencia.

CARMEN. Todo el día con tu mano.

PACO. Orden, Carmen.

CARMEN. Eso, da una orden a tu soldadito a ver si de una vez se te pone firme.

PACO. Cerda, cómo puedes.

CARMEN. Firmes...

PACO. ¡Déjame! ¡Quita tus manos! ¡Fuera! ¡Fuera!

CARMEN. ¿Y tu entrecejo lo dejamos poblado?

PACO. Debería haberle echado cuenta a mi madre, a cada palabra que dijo...

CARMEN. Sí, tenía una gran capacidad de convicción. Pregúntaselo a tu papaíto, si no...

PACO. Otra vez con eso.

CARMEN. Me gusta verte indefenso.

PACO. Sádica.

CARMEN. ¿Sabes por qué en los sellos salías con cara sonriente?

PACO. No.

CARMEN. Porque para pegarte todos pasaban la lengua por tu culo.

PACO. Vete, vete...

CARMEN. Paquito, Paquito...

PACO. No me llames así.

CARMEN. Ven conmigo, Paquito.

PACO. Te digo que no me gusta.

CARMEN. Paquito, Paquito.

PACO. Vete, vete.
CARMEN. Voy... a por tabaco.
PACO. Eso, a ver si te mata.

CARMEN *sale.* PACO *se sienta, respira hondo. Se tumba. Se toca el corazón, respiración entrecortada. Sudoroso. Mira la mesita de noche. Abre la mesita de noche. Se arrodilla frente a ella.*

PACO.
Yo resucito a los muertos,
Yo endurezco a los blandos,
Yo estimulo a los flojos
Yo enaltezco a los bajos.
Y mientras el mundo va a oscuras
Entre sombras caminando,
La luz de un gran coro grita
Paco, Paco, Paco...

PACO *saca del pequeño altar de la mesita de noche, la mano incorrupta de Santa Teresa. Se pone un trapo en la cabeza a modo de toca monjil. Interpreta a la Santa y a su padre.*

PACO. *(Monja).* Acéptame como tu hija, acéptame.
PACO. *(Padre).* No.
PACO. *(Monja).* Déjame entrar en el convento.
PACO. *(Padre).* Lo harás, cuando haya muerto.
PACO. *(Monja).* Pues me fugaré y nada sabrás de mí.
PACO. *(Padre).* Abandona el hogar que te vio crecer, siente la angustia y la muerte.
PACO. *(Monja).* Padre, yo le quiero.
PACO. *(Padre).* Vete.
PACO. *(Monja).* Ingresaré en las carmelitas.
PACO. *(Padre).* Vete con tus cristos sangrantes y purulentos que tanto te gustan. Y que tus charlas inútiles no sobrevuelen

esta casa. Habla con la gente de este mundo, no tanto con lo sobrenatural. Bruja.

PACO. *(Monja).* Te odio, padre, te odio...

PACO *se quita la toca. Abraza la mano incorrupta de Santa Teresa.*

PACO. *(A la mano).* Somos iguales Teresita, dos santos luchando por la reserva de la cristiandad. Te recuperé de las hordas revolucionarias en el zurrón de un coronel rojo. Pero aquello pasó, y ahora estás conmigo... solitos.

Se mete en la cama con la mano de la santa.

PACO. Mira, Teresita, un ángel. ¿Lo ves? Sí, viene del mismo tronco de Dios con una espada de oro ardiendo al rojo, un corazón abierto, sangrante con una cicatriz larga y calamitosa. ¿Ves como gotea? Llora por la familia. La familia atacada, no por masones y rojos; sino por sus herederos. La familia, sin más, la familia natural, la familia compuesta por padre, madre e hijos se desmorona. ¿Somos nosotros los enfermos, los antiguos, los que no miramos cara a cara a la realidad? No somos conservadores; somos conservacionistas, como los naturalistas que luchan porque no se extinga una especie en el Amazonas o en el desierto del Gobi, codo con codo con nuestros misioneros que se dejan la vida para llevar el cristianismo, su fe, su doctrina y su bondad allí donde es más necesitada.

Se levanta, frente a un armario abierto, se mira en el espejo de cuerpo completo. Saca una enorme túnica.

PACO. Chiste, chiste. ¡Carmen vuelve! Tengo que contar un chiste y sin ti no suenan igual. ¡Carmen!

No hay respuesta. Se va colocando la casulla papal.

PACO. Da igual. Adán llama a Dios y le dice que está cansado, aburrido de los animalitos, que necesita alguien con quien hablar, con quien compartir sus momentos íntimos, alguien comprensivo, bello, amable, alguien inteligente, de agradable trato, en definitiva alguien sencillamente bueno. Dios, piensa unos segundos y haciendo un rápido cálculo mental, le contesta: "Eso te costará un riñón, el bazo, uno de tus pulmones, el testículo izquierdo y el páncreas". Bien, dice Adán: "¿y por una costilla qué me das?"

Ríe. Se coloca el fanón y la estola.

PACO. ¡Carmen! ¡Excomunión!¡Carmen, Carmen! ¡Una excomunión, una excomunión! *(No hay respuesta).* Nada.

Se coloca la mitra sobre la cabeza. Parece el nuevo papa. Se dirige a la mano de la Santa vestido de papa.

PACO. Querida, tú si que siempre estás dispuesta a servir al guerrero, al hombre, al siervo de Dios. ¡Carmen tú te lo pierdes, tú me obligas a mancillarme! No conocerás la sorpresa. ¡Teresa te sustituye!

Le habla a la mano.

PACO. *(A la mano, confidencial).* Me he atrevido. Era ahora o nunca. Por el placer de pasarlo mal. De sentirme vivo. Fui a un agujero en medio de ninguna parte, pero limpio como para hacer albóndigas en el suelo. El que me lo iba a hacer era un amigo, bueno, un amigo de un amigo de un amigo. Un hombre de confianza. Me contó todas las precauciones que debía tomar. Yo estaba más nervioso que en el frente. ¿Qué iba a sacar en claro? Supongo que quería pasar por mi cuerpo las sensaciones de un mártir, que estuvieras orgullosa de mí, que se abrieran las puertas del cielo al dolor real. ¿Empezamos?, me pregunta. Se ajusta un guante de látex. Me acuesto en la camilla, bajo mis pantalones. Los calzoncillos, me ordena. Me los bajo. Parece que acabo de salir de un baño glacial. Mi pene está muy pequeño, arrugado, minúsculo. Ahí no cabe nada. Estoy acojonado. Me dice que cuente hasta tres. De acuerdo, uno, dos y tres. Y "pop", siento como penetra en mi glande. Fue cosa de un segundo y uf... El dolor era insoportable. Tardamos una hora en lograr que la pieza pasara por el túnel, y ahí estaba... una hermosa argolla en un cansado pero feliz pene, aunque no lo creas, jamás salió una gota de sangre. Volví contento a casa, pero tambaleante.

Todo iba bien hasta que tuve que ir al baño. Al orinar sentí un ardor fortísimo, como si meara lava volcánica. Casi me desmayo. Me acosté con mucho cuidado. Me dolía muchísimo, no podía ni tocarme. A los siete días no podía más y me masturbé como un animal salvaje en plena adolescencia. El pene quedó destrozado, el dolor era tan agudo que me dio miedo. Con el paso de los días empezó a salirme debajo del glande un moretón, un cardenal, un estigma... La beatificación fálica había comenzado. Sigo meando en tres direcciones, el dolor se ha convertido en un diario. Estoy cerca de la santidad.

Baja sus pantalones, muestra su miembro anillado a Santa Teresa.

PACO. ¿Hermoso, eh? Sin miedo, es una llave al paraíso. Tú lo terminarás de santificar con tu toque divino.

Acerca la mano incorrupta, en breve corrupta, de Santa Teresa a su miembro y comienza la masturbación.

PACO..
Oh, Teresa...
Vivo sin vivir en mí,
y de tal manera espero,
que muero porque no muero.

Porque si es dulce el amor,
no lo es la esperanza larga,
porque muriendo, el vivir
me asegura mi esperanza.
Muerto ya, el vivir se alcanza,
no te tardes, que te espero,
que muero porque no muero.
Sí, sí, síííii, mueroooo.
¡Ahhhhhh!!!

Orgasmo. Besa la mano.

PACO. Siempre lo haces bien. Cada vez mejor.

PACO *se tumba sobre la cama y queda dormido abrazado a la mano de la santa.*

VOCES.
¡Con el enemigo de Dios no se pacta ni se transige!
¡El castigo es una obligación del triunfo!
¡Viva España!
¡Viva el Generalísimo!
¡Viva el Caudillo por la gracia de Dios!
¡Viva!

Oscuro.

ACTO II

Cuadro 1

El dormitorio se ha transformado en un despacho de psicoana-
lista. Las camas son divanes. Las mesitas, archivadores. El gramó-
fono se encuentra ahora al servicio de la psicología. PACO *sigue*
dormido, vestido de papa. CARMEN *toma notas a su lado, con un*
elegante traje de chaqueta.

CARMEN. *(Psicóloga).* Le voy a decir una palabra y responda lo
primero que se le pase por la cabeza.
PACO. ¡Viva España!
CARMEN. *(Psicóloga).* No he empezado.
PACO. ¡Empiece!
CARMEN. *(Psicóloga).* De acuerdo: Canarias.
PACO. Dragón Rapide.
CARMEN. *(Psicóloga).* Calvo Sotelo.
PACO. La señal.
CARMEN. *(Psicóloga).* Fusiles.
PACO. Bombas de mano.
CARMEN. (Psicóloga). Pistolas.
PACO. Ametralladoras.
CARMEN. *(Psicóloga).* Cañones.
PACO. Paseos.
CARMEN *(Psicóloga).* Un millón.
PACO. Muertos.
CARMEN. *(Psicóloga).* Guerra.
PACO. Los hombres más heroicos del mundo, los hombres
más grandes de Europa son los hijos de España.
CARMEN. *(Psicóloga).* Solo una palabra.
PACO. Cuando se lucha en las trincheras como se lucha, cuan-
do se muere en los frentes como se muere, cuando se defiende
España como la defienden falangistas, requetés y soldados... hay
una raza y hay un pueblo.

CARMEN. *(Psicóloga).* Una palabra.

PACO. A esa lucha, a esa sangre generosa, a ese heroísmo tiene que responder la retaguardia animando al centinela...

CARMEN. Paco.

PACO. ...a seguir llevando sobre los hombros de los españoles el Imperio legendario y tradicional que la juventud española forjará; porque lo está diciendo en los campos de España y porque está en el corazón de todos los españoles que gritan: ¡Arriba España!

CARMEN. Debías decir una sola palabra.

CARMEN *anota en su libreta.*

PACO. Mi historia es la historia de una guerra, de militares, de asaltos, de odio, de Alcázar que no se rinde, de proyectiles, de bombas, de minas, de defensores, de vencedores, de vencidos, de socorro, de muerte, de grandeza, de adelante, de a por ellos, de reconquista, de cruzada, de reservas espirituales, de España, España, España...

PACO *pone un disco en el gramófono.*

GRAMÓFONO. Cautivo y desarmado el ejército rojo, han alcanzado las tropas nacionales sus últimos objetivos militares, la guerra ha terminado.

PACO, *alegre, lanza los papeles de Carmen por los aires.*

CARMEN. No toques eso.

PACO. Gané, gané, gané.

CARMEN. Enhorabuena.

PACO. ¡Oé, oé, oé! La guerra ha terminado.

CARMEN. Ahora tendrás tiempo para mí.

PACO. Gané yo, gané yo, gané yo.

CARMEN. Sí, un cuartel de 30 millones de personas.

PACO. Más muertos y fusilados.

CARMEN. Encuentros con Adolfo y Benito.

PACO. La división azul.

CARMEN. Tus amigos pierden la segunda.

PACO. España a la mierda.

CARMEN. Aislada.

PACO. La pesca, la pintura.

CARMEN. El hambre.

PACO. La caza , la lectura.

CARMEN. La prostitución.

PACO. Las marinas, la religión.

CARMEN. Más fusilamientos.

PACO. Ojo por ojo.

CARMEN. Una muerte.

PACO. Cien violaciones.

CARMEN. Una violación.

PACO. Cien muertes.

CARMEN. La otra mejilla.

PACO. La reserva espiritual de occidente.

CARMEN. En una reserva.

PACO. ¿Estuviste conmigo?

CARMEN. Todo el rato.

PACO. ¿Y ahora?

CARMEN. También....

CARMEN *recupera la compostura.* PACO *se tumba en la cama-diván.*

CARMEN. *(Psicóloga).* Sigamos con la sesión. Para que el psicodrama sea completo pasarán algunos personajes que quizás le suenen. Usted, recree el momento tal y como fue.

PACO. Podría haber sido papa. Mira cómo luce la casulla en mí. ¿Y el báculo dónde lo has escondido?

CARMEN. *(Rompiendo).* En el baño para rascarte la espalda con tu copita de vino, preparando una fumata blanca. No te despistes, Paco.

PACO. De acuerdo, suframos el escarnio, el destierro de la memoria.

CARMEN. *(Psicóloga).* Que pase Alfonso, el rey.

PACO *se levanta.* CARMEN *se pone un enorme bigote y una corona.*

CARMEN. *(Rey).* Conozco a Paco desde hace mucho. Y nunca me gustó.

PACO. Pero si le invité a mi bodega.

CARMEN. *(Rey).* Qué buena bodega.

PACO. No crea, una colección humilde de caldos españoles.

CARMEN. *(Rey).* Por lo que veo, mejores que los que sirvió en la cena.

PACO. Sí.

CARMEN. *(Rey).* ¿Y para cuándo reserva estas botellas?

PACO. Para mejor ocasión, majestad, para mejor ocasión.

CARMEN. *(Rey).* ¿Acaso hay mejor ocasión que esta?

PACO. No me malinterprete, ya se sabe que para la monarquía todo son fiestas palatinas y despilfarro.

CARMEN. *(Rey).* El rancio abolengo hay que mantenerlo arropado de gran boato.

PACO. Más cuartel y menos palacio.

CARMEN. *(Rey).* ¿Qué opinión le merece mi nieto?

PACO. ¿El idiota?

CARMEN. *(Rey).* Ajá.

PACO. Que ya le sacarán los ojos la caterva de masones y rojos.

CARMEN. *(Rey).* Espero no volver a verlo.

PACO. No olvide lo de mi cruz laureada.

CARMEN. *(Rey).* No lo olvido.

PACO. Cobardica, huidizo y afrancesado. *(A* CARMEN*).* ¿Qué tal lo estoy haciendo?

CARMEN. Es pronto.

PACO. Me aburro.

CARMEN. El siguiente invitado al psicodrama, que tendré el placer de hacerle pasar será...

CARMEN *se pone una gorra militar.*

CARMEN. *(Capitán).* ¿Qué edad tiene, cabezón?

PACO. Sin perder el respeto.

CARMEN. *(Capitán).* Calle y cuádrese.

PACO *se echa una mano al vientre e intenta cuadrarse.*

PACO. 22 años, Capitán, señor.

CARMEN. *(Capitán).* ¿Y a qué viene?

PACO. Me acaba de alcanzar una bala en el abdomen.

CARMEN. *(Capitán).* La baraka le ha abandonado, parece.

PACO. No señor, el plomo iba pidiendo perdón mientras entraba en mi carne. Lo sentí.

CARMEN. *(Capitán).* ¿Dónde fue?

PACO. Aquí en el vientre, le he dicho. Ah, se refiere a...

CARMEN. *(Capitán).* Claro, veo de dónde viene la sangre.

PACO. En las lomas de las trincheras a mitad del asalto. Noté como me ardía el estómago, y antes de doblar las rodillas pudimos tomar la loma.

CARMEN. *(Capitán).* 274 bajas con usted.

PACO. ¿No va a hacer nada?

CARMEN. *(Capitán).* No, está usted muerto.

PACO. Ni se le ocurra.

CARMEN. *(Capitán).* Os habéis portado como jabatos, es mejor dejarlo aquí. Hay otros que tienen alguna posibilidad . Usted está muerto, con permiso.

PACO *apunta con un arma a* CARMEN.

PACO. Si se mueve, van a ser 275 bajas.

CARMEN. *(Capitán).* No se atreverá...

PACO. Apueste. Saque la bala, cósame y calle. No voy a morir en una tienda en Marruecos.

CARMEN. *(Saliendo del juego).* ¡Bravo Paco! Bravo!

PACO. La radiografía, la radiografía..

CARMEN. Si la has visto muchas veces...

PACO. No me canso.

De una de las mesita saca la radiografía. PACO *la observa entusiasmado.*

PACO. Mira estos son los pulmones, éste es el vientre y éste el diafragma.

CARMEN. Al revés.

PACO. Sabrás tú... Está bien, el diafragma va debajo.

CARMEN. Izquierda.

PACO. Sí, sí herida izquierda o fue derecha... *(Lee).* Herida grave en la región lateral del abdomen. Diagnóstico grave. La bala me atravesó el vientre, siguió al hígado, pero como estaba en pleno esfuerzo, el diafragma estaba arriba y la bala me lo rozó por abajo y salió por detrás.

CARMEN. De parte a parte.

PACO. Con una respiración natural la bala me hubiese atravesado el hígado. Protección de los dioses, fuerzas prodigiosas, baraka.

CARMEN. Ummm, sabes cómo ponerme cachonda, Paco.

PACO. Déjate los collares de perlas.

CARMEN. Tu perra.

PACO. Mi perra.

CARMEN. ¡Grrr!

PACO. ¡Guao!

CARMEN. ¡Guao!

PACO *y* CARMEN *se lanzan tras las camas. Ahora cada uno a un lado, como si estuvieran en la trinchera.* CARMEN *con la gorra de legionario.*

CARMEN. *(Legionario).* Las cifras de muertos y desaparecidos son sobrecogedoras.

PACO. Esperemos al ramadán y les atacamos con la barriga vacía.

CARMEN. *(Legionario).* Serán más fieros.

PACO. Pues cuando coman.

CARMEN. *(Legionario).* Será de noche.

PACO. ¿Y?

CARMEN. *(Legionario).* El terreno está mal señalizado.

PACO. Un legionario no teme
a la mala señalización,
un legionario es la señal.
Un legionario se entrega a luchar
Y al azar deja su suerte
porque su vida es un azar.
¡Legionarios a morir!
¡Legionarios a luchar!

Se levanta CARMEN *tras la trinchera-cama. Firmes. Saludo y al frente.*

CARMEN. *(Legionario).* Se presenta el tercio tras dos noches sin dormir y habiendo hecho 100 kilómetros en dos meses...

PACO. Está bien. Ya saben qué hacer.

CARMEN. *(Legionario).* Sí, señor. (Pausa). ¿Qué?

PACO. Avancen, fortifiquen y mueran.

CARMEN. *(Legionario).* Avanzar, fortificar y morir.

PACO. Morid, morid, morid.

CARMEN. *(Legionario).* Tenemos heridos.

PACO. Morid, morid, morid.

CARMEN. *(Legionario).* Quedamos cuatro.

PACO. Morid, morid, morid.

CARMEN. *(Legionario).* El general Millán está herido.

PACO. Dele mi más cordial saludo.

CARMEN. *(Legionario)*. Le esperamos, señor.
PACO. Morid, morid, morid.
CARMEN. *(Legionario)*. Listo, señor.
PACO. ¿Todos muertos?
CARMEN. *(Legionario)*. Casi. Quedo yo.
PACO. Luego nos ocuparemos. ¿Las posiciones?
CARMEN. *(Legionario)*. Rescatadas.
PACO. Bien, limpien la sangre y esperen órdenes.

CARMEN *se cambia la gorra por la de capitán.*

CARMEN. *(Capitán)*. Repatrían las tropas.
PACO. ¿Quienes?
CARMEN. *(Capitán)*. Los políticos.
PACO. Cabrones.
CARMEN. *(Capitán)*. Al menos nos tenemos.
PACO. Sí.
CARMEN. *(Capitán)*. El uno al otro.
PACO. Tanta guerra.
CARMEN. *(Capitán)*. Tanto tiempo.
PACO. Señor.
CARMEN. *(Capitán)*. Bésame, bribón.

PACO *y* CARMEN *van a besarse.* PACO *rompe el juego y el momento mágico en el que dos militares se declaraban su amor.*

PACO. Voy al baño. Tengo que mear.
CARMEN. Cómo eres de bruto.
PACO. Necesidad fisiológica, no respeta ni a Alejandro Magno.
CARMEN. Sí, claro.
PACO. Voy a hacer mis abluciones.
CARMEN. *(Psicóloga)*. La terapia no ha acabado.
PACO. Si me meo, qué le hago.
CARMEN. *(Psicóloga)*. No puede abandonar la terapia.

PACO. Invite a mi esposa. Que ella le entretenga mientras.
CARMEN. Paco.

PACO *sale.* CARMEN *queda sola.*

CARMEN. *(Psicóloga).* ¿Y bien, es usted la señora de Paco?
CARMEN. Así es.
CARMEN. *(Psicóloga).* ¿Qué podría destacar de él que no fuera de ayuda para este paciente?
CARMEN. No sé.
CARMEN. *(Psicóloga).* Queremos averiguar qué le hizo comportarse de aquella forma, qué hizo bien... Al fin y al cabo, todos deseamos lo mejor para él.
CARMEN. Su culo.
CARMEN. *(Psicóloga).* ¿Cómo dice?
CARMEN. Lo que destacaría, , lo que lo distinguía de los demás, era su enorme culo, a pesar de su corta estatura.
CARMEN. *(Psicóloga).* ¿Eso le hizo ser distinto, cambió sus hábitos, sus emociones?
CARMEN. Mire, ya se trate de la mejor cabalgadura o del más elevado trono, nos sentamos en nuestro culo; y Paco tenía uno enorme, unido a que era casi enano, y estrecho de hombros, daba esa sensación de pera tan poco varonil. Tres guardias lo ayudaban a subir a los caballos, unos caballos pequeñitos que traíamos ex-profeso para él. Como los de Alan Ladd, ¿recuerda? Le daban el impulso justo para que no se pasara y cayera al otro lado... qué bochorno. Imagine el disgusto cuando dos fotógrafos capturaron la imagen del liberador, del adalid de la cristiandad siendo empujado para subir al caballo... Un hijo de Dios, el defensor de los valores, de no hay más que la patria, que es lo eterno, lo inmortal... Pues tenían que empujarle el pandero para poder subir a un simple jamelgo.
PACO. *(Psicóloga).* Interesante, ¿cómo lo tomó Paco?
PACO. Echó espuma. Paco a las malas... Intenté convencerlo de que era una tontería. Fusiladlos, fusiladlos, decía. Era tan bromista.

Entra PACO, *sin la vestimenta papal, con casaca militar y en calzoncillos.*

PACO. ¡15 años de inhabilitación estarán bien! Cómo sabes que soy un blando en el fondo.

CARMEN. He pecado de pensamiento.

PACO. ¡Hora de la confesión!

PACO *se coloca un alzacuellos, hace de sacerdote;* CARMEN *de feligresa.*

PACO. *(Cura).* Ave María purísima.

CARMEN. Sin pecado concebida.

PACO. *(Cura).* Dime, hija.

CARMEN. He pecado de pensamiento. Mi novio no vuelve de Marruecos y yo me incendio como el Vesubio cada noche.

PACO. *(Cura).* Cuando besas a un chico piensa en tu última comunión y en la santa hostia que se posó en tus labios.

CARMEN. En eso pienso, que mis labios van a terminar siendo sagrados del poco uso.

PACO. *(Cura).* Tu caso es un caso peculiar... Podíamos tolerar algunas caricias, si está en juego la ruptura.

CARMEN. Es imposible, él no está.

PACO. *(Cura).* Y en su ausencia, qué haces.

CARMEN. Tratar de suplirla de la manera más decente que encuentro.

PACO. *(Cura).* Con el rezo, la contención y la meditación.

CARMEN. No, con los masajes, los aceites y la masturbación.

PACO. (Cura). Onán debilita la médula, el cerebro, causa temblores, ceguera, locura.

CARMEN. Ceguera, temblores, locura... Todo eso me lo curan mis caricias.

PACO. *(Cura).* Dios, protégela. ¿Sigues siendo pura, no te habrás incapacitado para la maternidad?

CARMEN. Mi himen sigue incólume e inmaculado.

PACO. *(Cura).* Gracias al cielo, pues de ahí proviene la falta de fertilidad, al abusar de la cópula por puro vicio el aparato reproductor se atrofia por el uso infructuoso.

CARMEN. Ahora también sois médico.

PACO. *(Cura).* Del alma y del cuerpo, hija mía. Si no fuiste pura en el noviazgo no podrás sostener la mirada de tus hijos. Esos ojos sin mácula te lanzarán un grito a la clara que explotará y resonará hasta los lugares más recónditos de tu conciencia en cinco letras: Z-O-R-R-A. Recuerda, tu cuerpo es sagrado. Y lo sagrado no se toca.

CARMEN. Si no nos ven, nada hay.

PACO. *(Cura).* Dios está en todas partes. Debes esperar al matrimonio.

CARMEN. Y si ya casados, ¿no me gusta?

PACO. *(Cura).* Estáis unidos por la misma cadena. Sometidos el uno al otro.

CARMEN. Sin garantía.

PACO. *(Cura).* El que se casa, se casa para toda la vida.

CARMEN. La vida del que muera antes.

PACO. *(Cura).* Cuando estés casada.

CARMEN. A este paso, nunca.

PACO. *(Cura).* No te enfrentarás con él. Si se enfada...

CARMEN. Callo.

PACO. *(Cura).* Si grita...

CARMEN. Bajo la cabeza.

PACO. *(Cura).* Si exige...

CARMEN. Cedo. Esquivo el golpe y dejo que pase el tiempo.

PACO. *(Cura).* Amar es soportar.

CARMEN. No somos iguales.

PACO. El sexo conyugal no es pecado siempre que haya penetración, esperma y retención del mismo.

CARMEN. Penetración, esperma y retención. Aclarado.

PACO. Rezarás antes, durante el acto y te confesarás después del coito si sintieres placer.

CARMEN. *(Rompiendo el juego)*. Eso no me pasó nunca, tranquilo.

PACO. Otra vez con esas. ¡Ninfómana! Cómo me habría gustado pillarte en la cama con uno de mis guardias para ejercer mi derecho a matar a la adúltera.

CARMEN. Código Penal de 1928.

PACO *y* CARMEN *hacen el saludo fascista.* CARMEN *golpea la mano de* PACO.

CARMEN. *(Psicóloga)*. Su sesión no ha terminado.

PACO. Estoy harto.

CARMEN. *(Psicóloga)*. Es duro. La siguiente en pasar por la consulta será la viuda de la posguerra.

CARMEN *se coloca un velo negro y se convierte en una viuda de la guerra.*

PACO. ¿Qué tal su marido?

CARMEN. *(Viuda)*. Condenado a muerte, cada noche le dan un paseíllo para fusilarlo y lo vuelven a meter en la celda. Y cuando lo encierran, los soldados le escupen en la cara y dicen: mañana, mañana recogerán tu cadáver.

PACO. Mañana será mejor, ya verá.

CARMEN. *(Viuda)*. Y así día tras día.

PACO. Ya acabará.

CARMEN. Mientras paseo mi cuerpo por la calle.

PACO. Así se despeja.

CARMEN. Sin poder trabajar... no puedo hacer otra cosa. Sigo teniendo mi cuerpo. ¿Lo entiende?

PACO. No.

CARMEN. Me pagan.

Silencio.

CARMEN. *(Viuda).* Soy feliz.

PACO. Me alegro. ¿Se arregló lo de su marido?

CARMEN. *(Viuda).* Sí.

PACO. ¿Lo ve?

CARMEN. *(Viuda).* Escapó.

PACO. Lo encontrarán.

CARMEN. *(Viuda).* No, se cortó el cuello con un muelle del somier.

PACO. Qué ingenioso. Lástima que su marido no hubiese estado de nuestro lado.

CARMEN. *(Viuda).* Gracias.

PACO *abraza a* CARMEN, *que vuelve a ser la psicóloga.*

CARMEN. *(Psicóloga).* ¿Qué ha sentido?

PACO. No sé.

CARMEN. *(Psicóloga).* ¿Empatía?

PACO. ¿Eso es bueno?

CARMEN. *(Psicóloga).* Sí.

PACO. Entonces es posible que lo haya sentido.

CARMEN. *(Psicóloga).* Vamos bien. ¿Cómo era cuando niño, Paco?

PACO. Qué manía.

CARMEN *(Psicóloga).* Hábleme de su infancia.

PACO. Era un niño normal: pequeño, cabezón, sin sentimientos, cruel, vengativo, frío.

CARMEN. *(Psicóloga).* ¿Cómo se llevaba con su padre?

PACO. Lo odiaba.

CARMEN. *(Psicóloga).* ¿Y su madre?

PACO. La amaba.

CARMEN *(Psicóloga).* ¿Y su hermano?

PACO. Soy hijo único.

CARMEN *(Psicóloga).* ¿Y Ramón?

PACO. Ah, sí Ramón, lo olvidé, me llevaba bien. Pero se murió antes que yo.

CARMEN. *(Psicóloga).* ¿Y Pilar, y Nicolás?

PACO. Ah sí. Nicolás vivió más. Y de Pilar ni me acuerdo. Como ves un niño normal. Un niño que cada vez que estrenaba un par de zapatos nuevos me molestaban hasta que el pie se me hacía al zapato.

CARMEN. *(Psicóloga).* Lo natural es al contrario, que el zapato se haga al pie.

PACO. Nunca me gustó el camino fácil, nunca fui un comodón. Gracias Carmen, por todo.

CARMEN. *(Psicóloga).* ¿Ya?

PACO. Sí, me muero.

CARMEN. *(Psicóloga).* No hemos terminado.

PACO. Yo sí.

CARMEN. *(Psicóloga).* Aún te queda mucho.

PACO. Me muero, me muero...

Se acaba el juego con la Psicóloga.

CARMEN. Aguanta.

PACO. Prométeme algo, Carmen. Prométemelo.

CARMEN. Lo que sea.

PACO. No dejes que la carroña roa mi cadáver. Debes mantenerlo intacto, puro, beatificado y embalsamado, para que el día del juicio final esté en forma, listo y preparado. Dime Carmen, ¿lo harás?, ¿lo harás?

CARMEN. Sí.

PACO. Llévame a un hospital y renaceré.

CARMEN. No morirás Paco, no morirás.

PACO. Los que andan por la tierra como dioses carnales, buscando los ojos de sus adoradores, no saben que esta figura tan deseada, se convertirá en montañas de materia corrompida, que apestará y tendremos que apartar la vista por su hediondez, y sólo los gusanos aplaudirán el festín. Evita que esto ocurra Carmen, evítalo.

CARMEN. Serás inmortal.

Oscuro.

ACTO III

Cuadro 1

Una triste cama de hospital. PACO *entubado. Acompañado de* CARMEN *a su lado. Los dos solos en este dormitorio que antes fue todo, y que ahora, es el lecho de su muerte.*

PACO. Cuando por ley natural mi capitanía falte, e inexorablemente tiene que llegar algún día, es aconsejable que todo quede atado y bien atado para el futuro.

CARMEN. Estoy aquí.

PACO. Un momento , ¿quién ha tenido la culpa?

CARMEN. ¿De qué?

PACO. De esto.

CARMEN. Hubo un error médico, quirúrgico.

PACO. En manos de mi equipo médico habitual, mi salud es perfecta.

CARMEN. En la operación de urgencia, no repararon en tu gastritis y en lugar de extirparte el estómago, te resecaron una parte.

PACO. Qué asco. ¿Y mi baraka?

CARMEN. Se acabó.

PACO. No puede ser, estoy protegido por fuerzas místicas.

CARMEN. Lejos de África no surten efecto. Si en vez de atenderte en Palacio te hubieran trasladado al hospital antes.

PACO. La historia habría cambiado.

CARMEN. Quién sabe. Igual sólo se alargaba la agonía, la tuya y la del pueblo.

PACO. ¿Tan mal lo hice, Carmen?

CARMEN. No, lo hiciste bien, mejor que nadie, mi cielo...

PACO. Abrázame.

CARMEN. Mi niño.

PACO. Que no entre nadie. Dame de beber.

CARMEN. Pero.

PACO. En la mesita.

CARMEN *abre la mesita. Saca una botella de Rioja.*

CARMEN. Salud a los que tienen sed.
PACO. Los muertos tienen sed.
CARMEN. Los muertos hablan por la boca de los borrachos.
PACO. Dadles de beber a los borrachos.

Brindan.

CARMEN. ¡Por tus medallas!
PACO. De seis, de ocho puntas.
CARMEN. A los 22 años capitán.
PACO. El más joven del ejército.
CARMEN. Coronel con 32 años.
PACO. El más joven de Europa
CARMEN. General a los 34.
PACO. El más joven de la Historia desde Napoleón y dos centímetros más alto.
CARMEN. Y por fin, con 43 años, generalísimo de los ejércitos, jefe del Estado, hijo del Padre, caudillo por la gracia de Dios, pintor, poeta, cazador, pescador y guionista.
PACO. Pero al final, la guadaña siempre gana la partida.
CARMEN. Has sido víctima de un error.
PACO. Estoy preparado.
CARMEN. No puede ser...
PACO. Que no mancillen mi cuerpo.

PACO *intenta levantarse.*

CARMEN. Métete en la cama.

PACO *se arrastra como un fantasma por la habitación.*

PACO. Buitres, carroña. Las ratas no recuerdan cuando las amamantaba.

CARMEN *lo agarra del brazo. Se pone un velo de novia. Tararea el marcha nupcial.*

CARMEN. Mi metódico, estudioso y valeroso amado.

PACO. Tenemos que aplazar la boda.

CARMEN. ¿Tienes a otra?

PACO. Sí.

CARMEN. Oh, Paco, cómo.

PACO. Otra que requiere lo mejor de mí, de mi corazón , de mi cabeza, de mi valentía, de mi arrojo... Una que comparto con muchos, pero me exige como al que más.

CARMEN. ¿Quién es esa zorra?

PACO. La patria.

CARMEN. Te esperaré.

PACO. Lo que sea.

CARMEN. ¿Nos casamos?

PACO. Sí, la boda de un caudillo heroico.

CARMEN. Estás preciosa.

PACO. Alguien debía salvar la patria, y eso era un valor de masculinidad.

CARMEN. Masculinidad.

PACO. En el sentido de fortaleza de corazón, de fortaleza de sentimientos.

CARMEN. Cómo me alegré el día que abandonaron Marruecos a su suerte.

PACO. ¿Ahora te metes en política? Increíble, me vas a dar lecciones tú, de política.

CARMEN. ¿Por qué no? Para ti todo era un cuartel.

PACO. El mejor ejemplo en miniatura del cosmos.

(Canta).

Arriba parias de la tierra,

en pie famélica legión,
atruena la razón en marcha,
es el fin de la opresión...

CARMEN. Del pasado hay que hacer añicos...
PACO. Legión esclava en pie a vencer.
CARMEN. El mundo va a cambiar de base.
PACO. Los nada de hoy, todo han de ser.
CARMEN. Agrupémonos todos en la lucha final
PACO. El género humano...
CARMEN. ¡Es la internacional!

PACO y CARMEN se han ido acercando, se besan, se arrancan la ropa, quedan en ropa interior.

CARMEN. Y mi familia no te consideraba un buen partido.
PACO. Sabes que están prohibidos.
CARMEN. Asociaciones, si acaso.
PACO. A las barricadas, a las barricadas,
CARMEN. Por el triunfo de la confederación.

Se esconden entre las sábanas. Suenan compases de "A las barricadas". Risas y gritos. Al poco, el tiempo que dura una canción, un tarareo o lo que estimen oportuno la libido, CARMEN y PACO *asoman jadeantes.*

PACO. ¿Lo hice bien?
CARMEN. Sí.
PACO. ¿Seguro?
CARMEN. Claro, ahora descansa.
PACO. Por España.
CARMEN. Eso.
PACO. Gracias, mi amor.
CARMEN. No me beses.

PACO. Uno sólo.

CARMEN. No.

PACO. Uno pequeño. ¿Acaso no te gusta?

CARMEN. Psss.

PACO. ¿Otra vez con eso?

CARMEN. Duerme, que España te sigue necesitando.

PACO. España puede esperar, yo necesito otra cosa ahora.

CARMEN. Paco, para. Paco, soy tu mujer.

PACO. Y yo el caudillo por la gracia de Dios.

CARMEN. Merece la pena correr el riesgo del error.

PACO. Ahora y siempre.

CARMEN *se pierde entre las sábanas.*

PACO. Españoles, sólo dos palabras para agradeceros este entusiasmo y esa firmeza que hace a la patria grande y libre. Soy buen conversador, inteligente, culto, ilustrado, amable, educado y sincero.

CARMEN. No es cierto.

PACO. Me gusta desnudarme tal y como llego de la calle.

Sacarme el uniforme de trabajo y poder ser yo. Y así unirme con Él, con el Padre, con el Hacedor, con mi Igual. Ha llegado el momento de estar junto a Él.

Luz celestial. Cánticos del más allá. PACO *iluminado. Una pléyade de ángeles descienden y al compás de música sacra asciende a los cielos. Lento, pero seguro. Con paso firme, un paso dominador y poderoso.*

PACO. Soy tu nuevo hijo, el hijo de Dios.

CARMEN. Soy tu nuera, la nuera de Dios.

CARMEN *se arrodilla.* PACO *sigue ascendiendo hasta que uno de los arneses que lo ascienden se rompe. Queda colgado de una de las cuerdas. Oscilante. Como un jamón en espera de ser catado.*

PACO. ¡Carmen... sácame de aquí!

El arnés se rompe y PACO *se estampa en el suelo.*

PACO. ¡Hostias!
CARMEN. ¡Paco!

Oscuro.

Cuadro 2

Luz tenue. Un viejo gramófono crepita. Reproduce una conocida comparecencia pública. Una mujer en pijama, CARMEN, *juega con el brazo del mismo y la grabación.*

GRAMÓFONO. Españoles, Franco ha muerto. El hombre de excepció... Españoles, Franco ha muerto. El hombre... Españoles, Franco ha muerto... Españoles, Franco... Españoles, Franco... Españoles, Franco... Españoles... Españoles... Españoles...Español...Españ.. Españ.. Españ...Espa...Espa...Espa.

CARMEN *ríe, mientras sigue jugando con el brazo del tocadiscos.*

PACO. *(Desde dentro).* Lo terminarás rompiendo.

Entra PACO *, vestido de negro, con el cuello cargado de collares de perlas.*

CARMEN. ¿Qué?
PACO. Déjalo o lo romperás.

CARMEN *suelta el brazo del tocadiscos. Se acerca a* PACO. *Los dos se miran, cada uno vestido del otro, quedan callados.*

OSCURO FINAL

ÍNDICE

NC-F-4